COURS DE THÊMES

A L'USAGE

DES COMMENÇANS,

SELON L'ORDRE ÉTABLI PAR LHOMOND DANS SA
SYNTAXE LATINE,

AVEC LE TEXTE DES RÈGLES,

ET UN DICTIONNAIRE FRANÇAIS-LATIN;

OUVRAGE CLASSIQUE ÉLÉMENTAIRE,

CLASSE DE HUITIÈME. — ÉLÈVES.

PAR J. G. MASSELIN, ANCIEN CHEF D'INSTITUTION.

In tenui labor.

PARIS.

DE L'IMPRIMERIE D'AUG. DELALAIN,
LIBRAIRE-ÉDIT., rue des Mathurins-St.-Jacques, n° 5.
1828.

AVERTISSEMENT.

LE titre de cet Ouvrage indique assez le but que
je me suis proposé en l'entreprenant. Il existe, je
le sais, plusieurs cours de Thêmes à l'usage des
élèves qui commencent à étudier la langue latine ;
mais l'expérience a prouvé qu'une grande partie
des compositions françaises qu'ils renferment,
offre aux enfans, à peine entrés dans la carrière,
des difficultés d'autant plus effrayantes pour eux,
qu'ils les croient insurmontables, et que souvent,
rebutés dès le principe, ils ne se portent plus
qu'avec peine à l'étude d'une langue qui doit
leur être dans la suite d'une si grande utilité.
Livré depuis vingt-cinq ans à l'instruction de la
jeunesse, une longue pratique m'a fait connaître
combien il est essentiel de se mettre à la portée des
enfans, et de ne jamais dépasser les bornes de leur
faible intelligence. Je n'ai donc rien négligé pour
leur rendre plus facile l'application des principes
contenus dans la *Syntaxe latine* de Lhomond, et,
afin d'y parvenir, je me suis servi de plusieurs
moyens employés avec succès jusqu'ici.

D'abord, je mets sous les yeux des élèves toute
la théorie des déclinaisons, réduite à un petit tableau, dans lequel j'ai rapproché les différens cas
semblables, ayant soin d'opposer le pluriel au singulier, ce qui rend infiniment plus simple le mé-

THÈMES. — HUIT. *Élèves.* a

canisme des noms. Au-dessous de ce tableau j'ai placé les diverses exceptions renvoyées par Lhomond à la suite des verbes, de sorte que dans un court espace, l'enfant qui commence aura toujours sous la main ce qui se trouve épars dans une vingtaine de pages de son rudiment.

J'ai réuni sous un seul coup-d'œil, dans le tableau suivant, les quatre conjugaisons actives et passives également opposées les unes aux autres, en commençant par l'infinitif, et rapprochant ensuite les divers temps qui dérivent d'une même racine. Ce tableau se compose de trois élémens : 1°. la *racine* du verbe; 2°. la *figurative* de temps; 3°. la *figurative* de personnes. Comme dans les dictionnaires on ne trouve pas les racines, mais les quatre *temps primitifs*, tels qu'*amare*, *amo*, *amavi*, *amatum*, etc. l'élève s'y prendra de cette manière, pour dégager les racines, et faire usage du tableau.

Temps primitifs.	Amare,	am-o,	amav-i,	amat-um.
TABLEAU.—Racines.	Amare,	am,	amav,	amat.
Temps primitifs.	Monere,	mone-o,	monu-i,	monit-um.
TABLEAU.--Racines.	Monere,	mone,	monu,	monit.
Temps primitifs.	Legere,	lég-o,	leg-i,	lecttum.
TABLEAU.—Racines.	Legere,	leg,	leg,	lect.
Temps primitifs.	Audire,	audi-o,	audiv-i,	audit-um.
TABLEAU.—Racines.	Audire,	audi,	audiv,	audit.

C'est ainsi qu'en retranchant o, i, um des temps appelés *primitifs* par Lhomond et les autres grammairiens, il aura les quatre *racines* véritables, auxquelles il ne s'agit plus, pour conjuguer, que d'ajouter les *finales* ou *modificatifs*, présentés dans le tableau sous le nom de *figuratives* de temps et de personnes. Ce procédé offre de grands avantages, et triple au moins la facilité de la conjugaison.

Avant de passer à l'application des règles, j'ai pensé qu'il était utile et même indispensable de présenter aux élèves quelques *exercices préliminaires* sur les verbes, afin de les préparer à la composition; et c'est pour leur rendre ce travail moins pénible, que j'ai cru devoir réunir dans un seul cadre les conjugaisons françaises et latines.

La plupart des cours élémentaires ne renferment ordinairement que des *phrases détachées*, qui n'offrent rien d'agréable à l'imagination des enfans, et finissent souvent par les rebuter. Pour éviter cet inconvénient, je me suis imposé la loi, dès que le nombre des règles l'a permis, de ne leur proposer que des thèmes à *phrases suivies*, dont j'ai varié les sujets autant qu'il m'a été possible, sans toutefois perdre de vue l'obligation dans laquelle je me trouvais, de calquer les phrases de chaque devoir sur les exemples des règles données.

Pour plus d'exactitude, je ne me suis pas seulement contenté de placer en tête de chaque thème le simple énoncé de la règle à laquelle il a rapport; mais j'y ai joint le texte même de Lhomond, de sorte que l'élève aura continuellement les préceptes sous les yeux, sans être obligé de recourir à son rudiment. Des notes, mises au bas des pages, éclaircissent les difficultés, s'il y en a, et le dictionnaire donne la solution de celles qui ne font pas l'objet d'une note particulière. Les enfans y trouveront exactement indiqué le *cas* que régissent les adjectifs et les verbes , ainsi que le *radical* des noms, et les *temps primitifs*.

On me reprochera peut-être de n'avoir mis qu'un seul thème à la suite de chaque règle. Il m'eût été facile , sans doute , d'en multiplier le nombre ; mais j'ai pensé que dans un livre composé pour les premières années, tout doit être court, si l'on ne veut produire le dégoût ; et c'est une des raisons principales qui m'ont déterminé à ne pas donner plus d'étendue à ce volume. D'un autre côté, aux phrases calquées sur les règles citées , j'ai tâché de joindre, dans chaque thème, l'application de quelques-unes des règles antérieures, de sorte que réellement la même règle se trouve reproduite un certain nombre de fois sous les yeux de l'élève, depuis l'instant de son apparition , jusqu'à la fin du volume. Il y rencontrera aussi, de loin en loin , des *récapitulations*, où chaque thème précédent est rappelé par des chiffres indiquant la règle à observer.

En un mot, j'ai fait tout ce qui dépendait de moi pour offrir à la jeunesse studieuse un ouvrage utile et nécessaire ; puisse-t-elle en retirer quelque fruit ! je me croirai suffisamment récompensé de mes travaux.

TABLEAU DES DÉCLINAISONS.

Nota. Nous plaçons les cas dans l'ordre suivant, *génitif, datif, ablatif, accusatif, nominatif, vocatif*, qui n'est pas celui adopté par Lhomond, mais qui est vraiment l'ordre analogique.

PREMIÈRE DÉCLINAISON.			IIme. DÉCLIN.		IIIme. DÉCLIN.		IVme. DÉCLIN.		Vme. DÉCLIN.	
	Sing.	*Plur.*	*S.*	*P.*	*S.*	*P.*	*S.*	*P.*	*S.*	*P.*
G.	æ,	arum.	i,	orum.	is,	um.	ûs,	ûum.	ei,	erum.
D.	æ,	is.	o,	is.	i,	ibus.	ui,	ibus.	ei,	ebus.
Abl.	â,	is.	o,	is.	e,	ibus.	u,	ibus.	e,	ebus.
Acc.	am,	as.	um,	os.	em,	es.	um,	us.	em,	es.
N.	»,	æ.	»,	i.	»,	es.	us,	us.	es,	es.
V.	»,	æ.	e,	i.	»,	es.	us,	us.	es,	es.

- *Nota.* Dans les trois premières déclinaisons, nous avons figuré le nominatif par un guillemet, parce qu'il n'a point de finale certaine.

Il n'y a de noms neutres que dans la seconde et troisième déclinaisons. Leur accusatif et leur vocatif sont toujours semblables à leur nominatif, c'est-à-dire qu'ils ont les trois derniers cas semblables. Ces trois derniers cas sont en *a* au pluriel.

TABLEAU DES EXCEPTIONS DANS LES DECLINAISONS.

Première déclinaison.

1°. *Anim-a, domin-a, fili-a, asin-a, equ-a, mul-a, de-a, famul-a, nat-a, soci-a, serv-a,* } font le datif et l'ablatif pluriel en *abus.*

2°. Il y a trois sortes de noms tirés du grec, dont le nominatif est } 1°. E, g. es. 2°. ES, g. æ. 3°. AS, g. æ.

Les deux premières sortes ont l'accusatif en *en*, l'ablatif et le vocatif en *e ;* la dernière sorte a l'acc. en *an*, le voc. en *a* et l'abl.

THÊMES. — HUIT. *Elèves.*   A

en *á*. Ces mots n'ont point de pluriel.—Music-*e*, g. *es*, acc. *en*, voc. et abl. *e*. Ænc-*as*, g. *œ*, acc. *an*, voc. *a*, abl. *á*.

Deuxième déclinaison.

1°. *Fili-us* . . . . }
Geni-us . . . . } font au vocatif sing. { *fili.*
Les noms propres en *ius* . . }   { *geni.*
                                                    { *i.*

2°. *Deus*, *agnus*, *chorus*, et } ont le vocatif semblable au no-
les noms dont le nominatif } minatif.
n'est pas en *us*, }

3°. *Deus* fait au pluriel, nominatif et voc. *Dii*, dat. et abl. *Diis*.

4°. Les noms venus du grec retranchent *s* au voc. sing. *Orpheus*, voc. *Orpheu*; et outre les formes régulières, ils ont au singulier le génitif en *os*, l'acc. en *on* ou en *a*. — gén. *Orphe-i*, *Orphe-os*, acc. *Orphe-um*, *Orphe-on*, *Orphe-a*.

Troisième déclinaison.

1°. Les noms neutres, en *al*, *ar*, *e*, ont l'abl. sing. en *i*.
Le génitif pluriel en . . . . *ium.*
Et les trois cas semblables en . . . . *ia.*
Cubil-e, abl. *Cubil-i*, g. pl. *Cubil-ium*, n. ac. v. pl. *Cubil-ia.*
Nota. *Hepar*, *jubar*, *far*, *nectar*, quoique neutres en *ar*, ne sont pas sujets à l'exception.

2°. Les parisyllabes, c'est-à-dire les noms qui ont un }
nombre égal de syllabes au n. et au gén. singulier, } ont le gén.
en *es* ou *is*, comme *nub-es*, *nub-is*, } plur. en
Et les monosyllabes, c'est-à-dire ceux qui n'ont au } *ium.*
n. s. qu'une syllabe, comme *mons*, }

Nota. Les parisyllabes *Vat-es*, *can-is*, *pan-is*, ne sont pas sujets à l'exception, ainsi que les monosyllabes, *Crux*, *dux*, *flos*, *fraus*, *fur*, *grus*, *laus*, *nux*, *nox*, *res*, *sus* et *thus*.

3°. Les noms en *esis*, *isis* tirés du grec, ont au sing. le gén. en *is* ou *eos*, l'acc. en *im* ou *in*, et au pl. le gén. en *eon*. *Heres-is*, gén. s. *heres-is* ou *heres-eos*, acc. *heres-im* ou *heres-in*, g. pl. *heres-eon.*

Les autres mots grecs se déclinent régulièrement, et ont de plus l'acc. sing. en *a*, et l'acc. en *as*.
Acc. s. *Hero-em* ou *hero-a*, acc. plur. *hero-es*, ou *hero-as*.

4°. Les noms en *ma* font, dat. et abl. plur. *is* ou *ibus*. — *Poema*, dat. et ab. pl. *poemat-is* ou *poemat-ibus*. — *Bos*, dat. et ab. pl. *bobus.*

5°. *Amuss-is*, *rav-is*, *Bur-is*, *sit-is*, }
centuss-is, *tigr-is*, *decuss-is*, *tuss-is*, } ont l'acc. sing. en *im*, et
pulv-is, *vis*, *arar-is*, *vect-is*, et } l'abl. en *i*.
les noms de villes en *polis*, }

Quelques mots, comme *Navis*, *puppis*, ont l'acc. en *im* ou *em*.

Quatrième déclinaison.

1°. *Arc-us, port-us, spec-us, art-us, part-us, lac-us, trib-us, querc-us, ver-u,* } font le dat. et abl. plur. en *ubus.*

2°. Les noms dont le nomin. sing. est en *u,* comme *Corn-u,* sont indéclinables au sing., et font au plur. *uum, ibus, ua. Corn-uum, corn-ibus, corn-ua.*

3°. *Domus* a tout le sing. de la deuxième déclinaison, moins le voc., et n'a du plur. que le gén. et l'acc. Il a toutes les formes de la quatrième, moins l'abl. sing.

4°. *Jesus* fait à l'acc. *Jesum,* et dans tous les autres cas *Jesu.*

Cinquième déclinaison.

Il n'y a que *res, species, facies, progenies, dies,* qui aient le gén., le dat. et l'abl. plur.

MANIÈRE DE GRADUER

LES ADJECTIFS ET LES ADVERBES.

PRENEZ la racine du positif, c'est-à-dire le génitif singulier, moins la finale (*æ, i* ou *is*), et ajoutez selon le degré, savoir :

	ADJECTIFS.	ADVERBES.
POSITIF.	La racine du mot,	Si l'adj. est de la 1re. ou 2e. déclinaison, } *è.* Si l'adj. est de la 3e. déclin. } *iter.*
COMPARATIF. . . .	{ . . . *ior,* / . . . *ius,* }	. . . . . *ius.* —
SUPERLATIF..	Si l'ad. masc. est en *er,* { *rim-us, a, um,* } / S'il n'est pas en *er,* { *issim-us, a, um,* }	. . . . *rim-è.* . . . . *issim-è.*

Ainsi *doct-us,* ou *doct-a,* ou *doct-um,* faisant au génitif *doct-i, doct-æ,* etc. La racine est *doct.* Ajoutez *ior, ius ;* vous aurez pour le comparatif *doct-ior, doct-ius ;* le superlatif sera *doct-issimus,* etc., et l'adverbe *doctè, doctiùs, doctissimè,* etc.

Exceptions.

Constans, gén. *constant-is* devrait par l'addition d'*iter* faire *constantiter*; mais on élide *it*, et l'on dit *constanter*. Cette élision a lieu dans tous les adjectifs en *ans*, *ens* et *ers*. *Audax* fait *audacter*.

Si *r* qui termine la racine n'est pas précédé d'un *e*, l'oreille veut qu'on en intercale un, comme dans *Nigerrimus*.

ADJECTIFS.   ADVERBES.

Positif.	Compar.	Superlatif.	Pos.	Comp.	Superl.
M. F. N.	*M. F. N.*	*M. F. N.*			
1°. Bonus, a, um.	Melior, us.	Optimus, a, um.	Benè.	Meliùs.	Optimè.
Malus, a, um.	Pejor, us.	Pessimus, a, um.	Malè.	Pejùs.	Pessimè.
Magnus, a, um.	Major, us.	Maximus, a, um.	»	Magis.	Maximè.
Parvus, a, um.	Minor, us.	Minimus, a, um.	»	Minùs.	Minimè.
2°. Facilis, e,		Facil-lim-us, a, um.			Facillimè.
Difficilis, e,	La forma-	Difficil-lim-us, a, um.		La forma-	Difficillimè.
Gracilis, e,	tion ré-	Gracil-lim-us, a, um.		tion ré-	Gracillimè.
Humilis, e,	gulière.	Humil-lim-us, a, um.		gulière.	Humillimè.
Similis, e,		Simil-lim-us, a, um.			Simillimè.

3°. Les adj. en { *Dicus*, *Ficus*, *Volus*, } se graduent comme s'ils étaient en { *Dicens*, *Ficens*, *Volens*. }

4°. Les adj. en *ius*, *eus* et *uus* n'ont pas de degrés formels. On exprime alors l'idée de comparatif par *magis*, et celle de superlatif par *maximè*, de la manière suivante. *Pius*, comp. *Magis pius*. Sup. *Maximè pius*; *Piè*, *Magis piè*, *Maximè piè*.

ADDITION AUX EXCEPTIONS DANS LES DÉCLINAISONS.

Nominatif.	Génitif.	Datif.
Unus, a, um.	Un............	
Solus, a, um.	Sol............	
Ullus, a, um.	Ull............	
Nullus, a, um.	Null...........	
Nonnullus, a, um.	Nonnull........	
Totus, a, um.	Tot...........	
Ist-e, a, ud.	Ist............	ius..... i.
Ill-e, a, ud.	Ill............	
Ips-e, a, um.	Ips............	
Alt-er, era, erum.	Alter..........	
Ut-er, ra, rum.	Utr............	
Alterut-er, ra, rum.	Alterutr........	
Neut-er, ra, rum.	Neutr...........	

Ali-*us*, *a*, *ud*.   } Ali............ { us..... i.
Uterque, raque,
     rumque.   } Utri*us*-que..... { ...... ique.

Du reste, ces adjectifs sont de la première et deuxième déclinaison, tant au pluriel qu'au singulier.

Sing.	*Plur.*	*Sing.*	*Plur.*	*Sing.*	*Plur.*
M.		**F.**		**N.**	
Ce, cet, cette, ces, lui, eux, elle, elles, le, la, les.					
de G. ejus,	eorum,	ejus,	earum,	ejus,	eorum.
à D. ei,	iis *ou* eis,	ei,	iis *ou* eis,	ei,	iis *ou* eis.
Ab. eo,	iis,	eâ,	iis,	eo,	iis.
Ac. eum,	eos,	eam,	eas,	id,	ea.
N. is,	ii,	ea,	cæ,	id,	ea.
Celui-ci, ceux-ci, celle-ci, celles-ci, ce, cet, cette, ces.					
de G. hujus,	horum,	hujus,	harum,	hujus,	horum.
à D. huic,	his,	huic,	his,	huic,	his.
Ab. hoc,	his,	hâc,	his,	hoc,	his.
Ac. hunc,	hos,	hanc,	has,	hoc,	hæc.
N. hic,	hi,	hæc,	hæ,	hoc,	hæc.
Qui, que, lequel, lesquels, laquelle, lesquelles, quelle.					
de G. cujus,	quorum,	cujus,	quarum,	cujus,	quorum
à D. cui,	quibus,	cui,	quibus,	cui,	quibus
Ab. quo,	quibus,	quâ,	quibus,	quo,	quibus
Ac. quem,	quos,	quam,	quas,	quod,	quæ
N. qui,	qui,	quæ,	quæ,	quod,	quæ

{ --cunque. --dam. --libet. --nam. --piam. --que. --vis.

Moi, nous, toi, vous, soi.					
de G. meî,	nostr-ûm-î,	tuî,	vestr-ûm-î,		suî.
à D. mihi,	nobis,	tibi,	vobis,		sibi.
Ab. me,	nobis,	te,	vobis,		se.
Ac. me,	nos,	te,	vos,		se.
N. ego,	nos,	tu,	vos,		....

Nota. *Les Vocatifs manquent dans tous ces Pronoms.*

RACINE 1, Amare. RACINE 2, Am.

TEMPS.	Actif.	Passif.	RACINE.	Fig. des TEMPS.	Actif.	Pass[if.]
Infinit.	*Aimer,*	*Être aim[é]*	Amare.			*Ama[ri]*
Imparfait du subjonctif *que* : *J'aimasse,*	*fusse*		Amare	»	m	r.
tu aimasses,	*fusses*				s	ris,
il aimât ;	*fût*				t	tur.
nous aimassions,	*fussions*				mus	mur
vous aimassiez,	*fussiez*	*aimé. aimés.*			tis	mini
ils aimassent.	*fussent*				nt	ntur
Imparfait de l'indicatif. *J'aimais,*	*étais*		Am	aba	m	r.
tu aimais,	*étais*				s	ris,
il aimait ;	*était*				t	tur.
nous aimions,	*étions*				mus	mur
vous aimiez,	*étiez*	*aimé. aimés.*			tis	mini
ils aimaient.	*étaient*				nt	ntur
Subj. prés. *que* : *J'aime,*	*sois*		Am	e	m	r.
tu aimes,	*sois*				s	ris,
il aime ;	*soit*				t	tur.
nous aimions,	*soyons*				mus	mur
vous aimiez,	*soyez*	*aimé. aimés.*			tis	mini
ils aiment.	*soient.*				nt	ntur
Futur simple. *J'aimerai,*	*serai*		Am		*ebo*	*abor*
tu aimeras,	*seras*				abis	aberis, a
il aimera ;	*sera*			abi	t	tur.
nous aimerons,	*serons*				mus	mur
vous aimerez,	*serez*	*aimé. aimés.*			tis	mini
ils aimeront.	*seront*				*abunt*	*abunt*
Indicatif prés. *J'aime,*	*suis*		Am		o	or.
tu aimes,	*es*			a	s	ris,
il aime ;	*est*				t	tur.
nous aimons,	*sommes*				mus	mur
vous aimez,	*êtes*	*aimé. aimés.*			tis	mini
ils aiment.	*sont*				nt	ntur
Impératif. *Aime,*	*sois*		Am	a	» / to	re
qu'il aime ;	*qu'il soit*				to	tor.
aimons,	*soyons*				emus	emur
aimez,	*soyez*	*aimé. aimés.*			te / tote	emin
qu'ils aiment.	*qu'ils soient*				nto	ntor
Participe présent actif, *Aimant.*			Am	a	ns	ndus.
Participe futur passif, *devant être aimé, qui doit, qui devait être aimé.*			am	a		nda. udum
Gérondifs. D'*aimer,* amandi ; *en aimant,* amando ; *pour aimer,* amandum.						

ONJUGAISON.

RACINE 3, Amav. 4. Amat.

ps.	Actif.	Passif.	Racine.	Fig. des TEMPS.	Actif.	Passif.
f. de l'inf.	*Avoir aimé.*	*Avoir été aimé.*	Amav	isse	»	Amat-um, -am-esse, où fuiss-e.
	J'eusse / tu cusses / il eût / nous eussions / vous eusssiez / ils eussent	été aimé. / été aimés. *aimé.*	Amav	isse	m / s / t / mus / tis / nt	amat-*us*. / f.... *a.* / amat-*i*. / f.... *æ.* (avec essem ou fuissem.)
	J'avais / tu avais / il avait / nous avions / vous aviez / ils avaient	été aimé. / été aimés. *aimé.*	Amav	era	m / s / t / mus / tis / nt	amat-*us*. / f.... *a.* / amat-*i*. / f.... *æ.* (avec eram ou fueram.)
	J'aie / tu ayes / il ait / nous ayons / vous ayez / ils aient	été aimé. / été aimés. *aimé.*	Amav	eri	m / s / t / mus / tis / nt	amat-*us*. / f.... *a.* / amat-*i*. / f.... *æ.* (avec sim ou fuerim.)
	J'aurai / tu auras / il aura / nous aurons / vous aurez / ils auront	été aimé. / été aimés. *aimé.*	Amav	ero / eri	ero / s / t / mus / tis / nt	amat-*us*. / f.... *a.* / amat-*i*. / f.... *æ.* (avec ero ou fuero.)
	J'aimai, / tu aimas, / il aima ; / nous aimâmes, / vous aimâtes, / ils aimèrent.	ai / as / a / avons / avez / ont *été aimé. été aimés.*	Amav		i / isti / it / imus / istis / { erunt / ere }	amat-*us*. / f.... *a.* / amat-*i*. / f.... *æ.* (avec sum ou fui.)

icipe passé passif. *Aimé, ée,* ayant été aimé, ou *qui a été* imé..........................	Amat.............	{ us. / a. / um. }
icipe futur actif. *Devant aimer,* ui aimera, ou *qui doit aimer.*	Amat.........	{ urus / ura / urum }
in actif. *A aimer.*	Amat	um
in passif. *A être aimé.*	Amat	u.

TABLEAU DES
SECONDE CONJUGAISON.

RACINE 1, Monere. 2, Mone.

Temps.	Actif.	Passif.	Racine.	Fig. des Temps.	Actif.	Passif.
Infinit.	*Avertir.*	*Être averti.*	Monere.	»		*Moneri.*
Imparfait du subjonctif *que*	J'avertisse, tu avertisses, il avertit ; no. avertissions, vous avertissiez, ils avertissent.	fusse fusses fût fussions fussiez fussent *(avertis. averti.)*	Monere	»	m s t mus tis nt	r. ris, re. tur. mur. mini. ntur.
Imp. de l'indic.	J'avertissais, tu avertissais, il avertissait ; no. avertissions, vous avertissiez, ils avertissaient.	étais étais était étions étiez étaient *(avertis. averti.)*	Mone	ba	m s t mus tis nt	r. ris, re. tur. mur. mini. ntur.
Subj. prés. *que*	J'avertisse, tu avertisses, il avertisse ; no. avertissions, vous avertissiez, ils avertissent.	sois sois soit soyons soyez soient *(avertis. averti.)*	Mone	a	m s t mus tis nt	r. ris, re. tur. mur. mini. ntur.
Futur simple.	J'avertirai, tu avertiras, il avertira ; nous avertirons, vous avertirez, ils avertiront.	serai seras sera serons serez seront *(avertis. averti.)*	Mone	» bi »	bo bis t mus tis bunt	bor. beris, bere. tur. mur. mini. buntur.
Indic. présent.	J'avertis, tu avertis, il avertit ; nous avertissons, vous avertissez, ils avertissent.	suis es est sommes êtes sont *(avertis. averti.)*	Mone	»	o s t mus tis nt	or. ris, re. tur. mur. mini. ntur.
Impératif.	Avertis, qu'il avertisse ; avertissons, avertissez, qu'ils avertissent	sois qu'il soit soyons soyez qu'ils soient *(avertis. averti.)*	Mone	»	{ » to to amus { te tote nto	re. tor. tor. amur. mini. ntor.

Partic. présent actif, *Avertissant.*	Mone	ns	
Participe futur passif, *devant être averti, qui doit, qui devait être averti.*	Mone		ndus. nda. ndum.

Gérondifs. Monendi, *d'avertir ;* monenda, *en avertissant ;* monendum, *à avertir.*

RACINE 1, Legere. 2, Leg.

Temps.	Actif.	Passif.	Racine.	Fig. des Temps.	Actif.	Passif.
Infinit.	Lire.	Être lu.	Legere.			Legi
Imparfait du subjonctif, que	Je lusse, / tu lusses, / il lût ; / nous lussions, / vous lussiez, / ils lussent.	fusse / fusses / fût / fussions / fussions / fussent — lu. / lus.	Legere	»	m / s / t / mus / tis / nt	r. / ris, re. / tur. / mur. / mini. / ntur.
Imparf. de l'ind.	Je lisais, / tu lisais, / il lisait ; / nous lisions, / vous lisiez, / ils lisaient.	étais / étais / était / étions / étiez / étaient — lu. / lus.	Leg	cba	m / s / t / mus / tis / nt	r. / ris, re. / tur. / mur. / mini. / ntur.
Subj. prés. que	Je lise, / tu lises, / il lise ; / nous lisions, / vous lisiez, / ils lisent.	sois / sois / soit / soyons / soyez / soient — lu. / lus.	Leg	a	m / s / t / mus / tis / nt	r. / ris, re. / tur. / mur. / mini. / ntur.
Futur simple.	Je lirai, / tu liras, / il lira ; / nous lirons, / vous lirez, / ils liront.	serai / seras / sera / serons / serez / seront — lu. / lus.	Leg	e	am / s / t / mus / tis / nt	ar. / ris, re. / tur. / mur. / mini. / ntur.
Indicatif présent	Je lis, / tu lis, / il lit ; / nous lisons, / vous lisez, / ils lisent.	suis / es / est / sommes / êtes / sont — lu. / lus.	Leg	i	o / is / t / mus / tis / unt	or. / eris, re. / tur. / mur. / mini. / untur.
Impératif.	Lis, / qu'il lise ; / lisons, / lisez, / qu'il lisent.	sois / qu'il soit / soyons / soyez / qu'ils soient — lu. / lus.	Leg	i	e / to / amus / { te / tote / unto	ere. / tor. / amur. / imini. / untor.

Participe présent actif, *Lisant.* Leg — cns

Participe futur passif, *Devant être lu, qui doit, qui devait être lu.* } Leg — endus. / enda. / endum.

Gérondifs, Legendi, *de lire ;* legendo, *en lisant ;* legendum, *à lire.*

Nota. Les finales des huit derniers temps sont les mêmes dans tous les verbes. Prenez-les dans la première conjugaison.

A

TABLEAU DES
QUATRIÈME CONJUGAISON.

RACINE 1, Audire. 2, Audi.

Temps.	Actif.	Passif.	Racine.	Fig. des Temps.	Actif.	Passif.
Infinit.	*Entendre.*	*Être entendu.*	Audire.	»		*Audiri.*
Imparfait du subjonctif. *que*	*J'entendisse,* *tu entendisses,* *il entendît ;* *n. entendissions,* *v. entendissiez,* *ils entendissent,*	*fusse* *fusses* *fût* *fussions* *fussiez* *fussent* (enten- du. enten- dus.)	Audire	»	m s t mus tis nt	r. ris, re. tur. mur. mini. ntur.
Imparf. de l'ind.	*J'entendais,* *tu entendais,* *il entendait ;* *nous entendions,* *vous entendiez,* *ils entendaient,*	*étais* *étais* *était* *étions* *étiez* *étaient* (enten- du. enten- dus.)	Audi	eba	m s t mus tis nt	r. ris, re. tur. mur. mini. ntur.
Subj. prés. *que*	*J'entende,* *tu entendes,* *qu'il entende ;* *nous entendions,* *vous entendiez,* *ils entendent.*	*sois* *sois* *soit* *soyons* *soyez* *soient* (enten- du. enten- dus.)	Audi	a	m s t mus tis nt	r. ris, re. tur. mur. mini. ntur.
Futur simple.	*J'entendrai,* *tu entendras,* *il entendra ;* *nous entendrons,* *vous entendrez,* *ils entendront.*	*serai* *seras* *sera* *serons* *serez* *seront* (enten- du. enten- dus.)	Audi	e	am s t mus tis nt	ar ris, re. tur. mur. mini. ntur.
Indicat. présent.	*J'entends,* *tu entends,* *il entend ;* *nous entendons,* *vous entendez,* *ils entendent.*	*suis* *es* *est* *sommes* *êtes* *sont* (enten- du. entan- dus.)	Audi	»	o s t mus tis unt	or. ris, re. tur. mur. mini. untur.
Impératif.	*entends,* *qu'il entende ;* *entendons,* *entendez,* *qu'ils entendent.*	*sois* *qu'il soit* *soyons* *soyez* *qu'ils soient* (entendus. enten...)	Audi	»	{ » to } to amus { te tote } unto	re. tor. tor. amur. mini. untor.
Participe présent actif, *Entendant.*			Audi		ens	
Participe futur passif, *Devant entendre,* qui doit, qui devait être entendu.			Audi			endus. enda. endum.

Gérondifs. Audiendi, *d'entendre* ; audiendo, *en entendant* ; audiendum, *à entendre.*

VARIÉTÉ DE LA TROISIÈME CONJUGAISON.

Les Verbes en............ { ere, *comme* accipere,
io,   io,
recevoir,
se conjuguent au pré-
sent de l'indicatif et à
l'impératif de la ma-
nière suivante :

TEMPS.	Actif.	Passif.	RACINE.	Actif.	Passif.
Indic. présent.	*Je reçois,*	suis	Accipi	o	or.
	tu reçois,	es	accip	is	eris, ere.
	il reçoit;	est	accipi	t	tur.
	nous recevons,	sommes		mus	mur.
	vous recevez,	êtes	reçu.	tis	mini.
	ils reçoivent.	sont	reçus.	unt	untur.
Impératif.	*Reçois,*	sois	Accip	e	ere.
	qu'il reçoive;	qu'il soit	accipi	to	tor.
	recevons,	soyons	reçu.	to	tor.
	recevez,	soyez		amus	amur.
	qu'ils reçoivent.	qu'ils soient	reçus.	{ te / tote	mini.
				unto	untor.

Les autres temps se forment d'après le même mécanisme que ceux de *legere.*

Nota. Les Verbes déponens se conjuguent en français comme les verbes actifs, et en latin comme les verbes passifs.

VERBES IRRÉGULIERS.

Porter.		*Vouloir.*	*Ne voul. pas.*	*Aimer mieux.*	*Aller.*	*Pour.*	*Servir.*
Fer-re,	ri	Velle	Nolle	Malle	qu-Ire	Posse	Prod esse.
fer-o,	or,	vol-o	nol-o	mal-o	eo	pos-	pro-sum.
fer-s,	ris	vis	non vis	mavis	is	pot-	prod-es.
fer-t,	tur	vult	non vult	mavult	it	pot-	prod-est.
feri-mus,	mur	volumus	nolumus	malumus	imus	pos-	pro-sumus.
fer-tis,	imini	vultis	non vultis	mavultis	itis	pot-	prod-estis.
ferun-t,	tur	volunt	nolunt	malunt	eunt	pos-	pro-sunt.

Présent subj.	*Imparf. indic.*	*Imparf. subj.*	*Futur.*	*Impératif.*	
Feram	ferebam	ferre-m	fer-am		
vel-im, is, it,	volebam	velle-m	vol-am	. . . .	
nol-im, is, it,	nolebam	nolle-m	nol-am	fer	i.
mal-im, is, it,	malebam	malle-m	mal-am	fer-to	ito.
eam	ibam	ire-m	ib-o, is	fer-amus	eamus.
pos-sim	pot-eram	posse-m	pot-ero	fer-te	ite.
pro-sim	prod-eram	prodesse-m	prod-ero	ferunto	eunto.

Pud / pœnit / tæd / miser / pig	{	ere, eret, ebat, eat, ebit, et, uisse, uisset, uerat, uerit, uit.

EXERCICES
PRÉLIMINAIRES
SUR LES VERBES.

Ego sum.

RÈGLE GÉNÉRALE. Tout verbe s'accorde en nombre et en personne avec son nominatif ou sujet.

Je suis, *ego sum* ; tu es, *tu es* ; il est, *ille est*; nous sommes, *nos sumus* ; vous êtes, *vos estis* ; ils sont, *illi sunt.*

Ego est du singulier, *sum* est aussi du singulier. *Ego* est de la première personne ; *sum* est aussi de la première personne, etc.

Nota. On sous-entend ordinairement le pronom nominatif.

VERBES ACTIFS ET NEUTRES.
PREMIÈRE CONJUGAISON.

Infinitif, *are* ; seconde pers. du présent de l'indicatif, *as.*

1.

L'homme, *hom-o, inis. m.*—Appeler, *voc-are, o, as, avi, atum.* a.

L'homme appelait ; il appellera ; il a appelé ; il appellerait (1) ; qu'il eût appelé. — Les hom-

______

(1) Les *conditionnels* français se rendent en latin : le *conditionnel présent* par l'*imparfait*, et le *conditionnel passé* par le *plus-que-parfait du subjonctif.*

mes appellent; ils auront appelé; qu'ils aient appelé. — Nous avions appelé ; vous appelâtes ; que tu appelles; appelez. — Appelant ; avoir appelé ; devant appeler.

2.

La voix, *vo-x*, *cis*. f. — Résonner, *son-are*, *o*, *as*, *ui*, *itum*. n. (1).

Les voix resonnèrent; elles auraient resonné ; elles avaient résonné ; qu'elles résonnent. — La voix résonne ; elle aura résonné; qu'elle résonnât; elle a résonné. — Résonner ; en résonnant; avoir dû résonner.—Nous résonnions ; résonnez ; vous eûtes résonné.

SECONDE CONJUGAISON.

Infinitif, *ēre*; seconde personne du présent de l'indic. *es*.

3.

Le maître *magist-er*, *tri*. m. — Instruire, *doc-ere*, *eo* *es*, *ui*, *tum* a.

Les maîtres instruisaient ; ils auront instruit ; ils ont instruit; qu'ils eussent instruit. —Le maître instruisit; qu'il instruise ; il avait instruit.— D'instruire, qu'il avait instruit ; qui devait instruire. — Que nous instruisissions ; que j'eusse instruit; vous instruisîtes; j'avais instruit ; qu'ils instruisent.

---

(1) Les verbes *neutres*, sont ceux qui n'ont pas de passif. Ils se conjuguent comme les verbes actifs, excepté quelques-uns appelés verbes *neutres passifs*, dont les temps composés suivent en latin la conjugaison passive. Plusieurs en français se conjuguent avec *être* au lieu d'avoir : *je suis venu*, au lieu de *j'ai venu*.

4.

Le sage, sapien-s, t-is. m. — Se taire, *tac-ere, eo, es, ui, itum.* n.

Le sage s'est tu ; il se taira; il se tait ; qu'il se taise. — Taisez-vous ; nous nous sommes tus ; je me tairais ; que vous vous fussiez tus. — A se taire ; qui se taisait ; qui doit se taire ; qu'il se taisait. — Les sages se seront tus ; ils se taisent ; qu'ils se soient tus, ils se seraient tus.

TROISIÈME CONJUGAISON.

Infinitif, *ĕre;* seconde personne du présent de l'indic. *is.*

5.

Le soldat, *mil-es, it-is.* m. — Tuer, *occid-ere, o, is, i, occisum.* n.

Le soldat avait tué ; il aurait tué; il tuait; il aura tué; qu'il tuât. — Les soldats eurent tué; ils avaient tué ; qu'ils aient tué; qu'il tuent; ils tuent. — Tuer; en tuant; qu'il eût tué; qu'il avait tué. — Vous tuiez; nous tuâmes ; il tuera; que vous ne tuiez point (1).

6.

Le corbeau, *corv-us, i.* m. — Vivre, *viv-ere, o, is, vixi, victum.* n.

Le corbeau a vécu ; il aura vécu; qu'il vécût ; il vit; il aurait vécu. — Vivant ; avoir dû vivre; qui doit vivre ; pour vivre. — Nous vivons; vous aurez vécu ; que j'aie vécu; nous avions vécu; vivez.—Les corbeaux auront vécu ; ils vivent ; ils ont vécu ; ils ne vivraient point.

---

(1) *Ne pas* ou *ne point* se traduit en latin par *non,* et quelquefois par *haud,* que l'on met toujours avant le verbe.

QUATRIÈME CONJUGAISON.

Infinitif, *ire*; seconde personne du présent de l'indic. *is*.

7.

L'ennemi, *host-is*, *is*, m. — Fortifier, *mun-ire*, *io*, *is*, *ivi*, *itum*. a.

Les ennemis fortifieront; ils ont fortifié; ils auraient fortifié; qu'ils fortifient.—Nous eûmes fortifié; vous n'aviez pas fortifié; je fortifiais; que vous fortifiassiez. — L'ennemi fortifie; qu'il ait fortifié; il aura fortifié; il fortifia.—Avoir fortifié, qu'il fortifierait; fortifiant; en fortifiant.

8.

L'ami, *amicus*, *i*. m. — Venir, *ven-ire*, *io*, *is*, *i*, *tum*. n.

Les amis étaient venus; ils seraient venus; qu'ils vinssent; ils viendront. —L'ami fut venu; qu'il vienne; il ne venait pas; qu'il fût venu.—Vous venez; je serai venu; que je sois venu; venons; nous venons. — De venir; avoir dû venir; qui vient; qu'il viendra; qui devait venir.

VERBES PASSIFS ET DÉPONENS.

PREMIÈRE CONJUGAISON. —Infin. *ari*.

9.

L'homme était appelé; il sera appelé; il avait été appelé; qu'il soit appelé. — Les hommes ont ét appelés; ils auraient été appelés; qu'ils aient été appelés; ils auront été appelés. —Que nous soyons appelés; soyez appelés; que nous fussions

appelés ; je suis appelé.—Qu'il avait été appelé ;
qu'il eût été appelé ; à être appelé ; qui doit être
appelé.

10.

Le général, *du-x, c-is.* m. — Exhorter, *hort-ari, or,
aris, atus sum.* d.

Les généraux exhortaient ; ils avaient exhorté;
qu'ils aient exhorté ; ils exhorteraient ; ils ont exhorté ; qu'ils eussent exhorté. — Le général a
exhorté ; il exhortera; qu'il exhorte ; il exhorta ;
qu'il ait exhorté.—Exhortons; je n'exhorterai pas;
vous exhortiez; j'aurais exhorté, vous exhortâtes.
—Devoir exhorter ; à être exhorté ; qu'il eût exhorté ; qui a exhorté.

SECONDE CONJUGAISON. —Inf. *eri.*

11.

L'enfant, *puer, i.* m.

L'enfant avait été instruit ; il eut été instruit; il
aurait été instruit ; qu'il soit instruit.—Les enfans
étaient instruits; qu'ils fussent instruits; ils seront
instruits; ils auraient été instruits. — Soyez instruits ; que je fusse instruit; vous êtes instruits ;
tu auras été instruit. — A être instruit; qu'il a
été instruit ; avoir dû être instruit ; devant être
instruit.

12.

Le magistrat, *magistrat-us, ûs.* m. — Craindre, *ver-
eri, eor, eris, itus sum.* d.

Les magistrats avaient craint; ils auraient craint;
ils craindront; ils craignaient. — Le magistrat
craint; il aurait craint; qu'il craigne; il aura

craint.—Craignez ; nous craignîmes ; que tu aies
craint ; vous ne craignez point.—Qui avait craint ;
qu'il eût craint ; avoir craint ; à craindre ; qui
craindra.

TROISIÈME CONJUGAISON. — Infin. *i.*

13.

Le soldat a été tué; il sera tué; il aurait été tué;
qu'il soit tué. — Que les soldats aient été tué ;
ils furent tués ; qu'ils fussent tués ; ils avaient
été tués. — Vous seriez tués ; soyons tués; je serai
tué; vous êtes tués ; nous ne serions pas tués.
— Avoir été tué ; ayant été tué ; qui doit être
tué.

14.

Naître, *nasc-i*, *or*, *eris*, *natus sum*, au particip. fut.
nasciturus. d.

L'enfant étant né; en naissant; devant naître; qui
naissait. — Les enfans seront nés ; ils naîtraient ;
il naissent ; ils seraient nés. — Naissez; que nous
naissions ; j'étais né ; vous naîtrez; qu'ils naissent.
—L'enfant naît; qu'il naquît; il n'était pas né ; il
naquit.

QUATRIÈME CONJUGAISON. Infin. *iri.*

15.

La ville, *urb-s*, *is.* f.

Les villes étaient fortifiées ; elles seront fortifiés; elles eurent été fortifiées ; qu'elles soient
fortifiées. — Je serais fortifié ; vous fûtes fortifiés;
soyons fortifiés. — La ville aurait été fortifiée ;
elle n'aura pas été fortifiée ; qu'elle fût fortifiée.

— Les villes devant être fortifiées (1) ; qui ont été fortifiées ; avoir été fortifié ; à être fortifié.

16.

Le frère, *frat-er*, *ris*, m. — Partager, *part-iri*, *ior*, *iris*, *itus sum*. d.

Le frère a partagé ; il partage ; il partagerait ; qu'il eût partagé. — Les frères avaient partagé ; ils eurent partagé; qu'il partageassent ; qu'ils aient partagé. — Je partagerai ; partageons ; vous partagez; vous n'aviez point partagé.—Pour partager ; avoir dû partager ; les frères partageant ; qui partageront.

———

EXERCICES SUR LES QUATRE CONJUGAISONS DES VERBES ACTIFS, PASSIFS, NEUTRES ET DÉPONENS.

17.

De pauvre, *paup-er*, *eris*. m.—Prier, *rog-are*, *o*, *as*, *avi*, *atum*. a.

Le riche, *div-es*, *itis*. m. — Abonder, *abund-are*, *o*, *as*, *avi*, *atum*. n.

L'avare, *avar-us*, *i*. m. — S'abstenir, *abstin-ere*, *eo*, *es*, *ui*, *abstentum*. n.

L'auteur, *auctor*, *is*, m. — Effacer, *del-ere*, *eo*, *es*, *evi*, *etum*. a.

Les auteurs effacèrent ; le pauvre priera ; les avares ont été priés ; le riche abondait ; ils seraient effacés.—Vous vous abstîntes ; je me serais abste-

———

(1) Les participes sont des adjectifs qui viennent des verbes. Ils s'accordent en genre, en nombre et en cas avec le nom auquel ils sont joints. L'enfant écoutant, *puer audiens* ; les enfans écoutant, *pueri audientes*.

nu, nous fûmes effacés ; que je fusse prié ; nous aurions abondé ; abstenez-vous.—L'avare s'abstenait ; les riches auront été priés ; les auteurs n'avaient pas effacé.—A effacer ; qu'il s'abstiendra ; pour prier ; qui doit abonder.

18.

Le voleur, *latro, nis*. m. — Prendre, *cap-ere, io, is, cepi, tum*. a.

Le courtisan, *aulic-us, i*. m. — Ramper, *rep-ere, o, is, repsi, tum*. n.

Le portier, *janitor, is*. m . — Ouvrir, *aper-ire, io, is, ui, tum*. a.

La porte, *port-a, æ*. f.

Le fermier, *villic-us, i*. m. — Sortir, *ex-ire, eo, is, ivi, itum*. n.

Le voleur sera pris ; les courtisans ont rampé ; le portier avait ouvert ; les fermiers sortiraient ; les portes avaient été ouvertes ; que les voleurs soient pris ; le fermier sortit ; les portiers auraient ouvert, le courtisan rampera.—Nous aurions été pris ; les portes ne furent pas ouvertes ; je ne ramperai pas. — Les voleurs prenant ; les portiers devant ouvrir ; les portes devant être ouvertes ; les courtisans devant ramper.

19.

Le prêtre, *sacerd-os, otis*. m. — Méditer, *medit-ari, or, aris, atus sum*. d.

Le coupable, *re-us, i*. m. — Avouer, *fat-eri, eor, eris, fassus sum*. d.

La femme, *muli-er, eris*. f. — Parler, *loqu-i, or, eris, locutus sum*.

Le marchand, *mercator, is*. m. — Mesurer, *met-iri, ior, iris, mensus sum*. d.

Les prêtres méditeront ; les femmes auront parlé ; le coupable avouera ;—le marchand aurait mesuré ;

que les prêtres eussent médité.—Nous avions parlé ; vous aurez médité. —J'ai avoué ; mesurez ; nous n'avouerons pas. — Les coupables avouant ; le prêtre qui méditerait ; les femmes qui parleleront ; le marchand qui a mesuré.—Avoir parlé ; à être mesuré ; à méditer ; pour avouer.

20.

Les femmes parleraient ; les avares se sont abstenus ; les prêtres auraient médité ; le courtisan n'a pas rampé ; les portiers étaient sortis ; l'auteur n'effacera rien (1).—Que je parle ; mesurons ; abstiens-toi ; avouez ; rampons ; qu'ils prient ; qu'ils soient priés.—Les voleurs avaient été pris ; nous eussions été priés ; vous auriez avoué ; nous priâmes ; j'ouvrirai ; ils seront priés ; qu'ils aient parlé ; nous avouerons ; ils abondent.

21.

Je priais ; il abondera ; nous prendrons, vous avez rampé, tu es sorti ; il a ouvert.—Nous parlâmes ; vous eûtes médité ; ils seront effacés ; ils furent ouverts ; qu'ils fussent pris ; ils ont été priés ; j'ai mesuré ; ils avouent.—De s'abstenir ; pour prendre ; qui parlait ; ayant été prié ; devant prier ; qui doit être effacé ; avoir mesuré ; qu'il avait rampé ; en sortant ; qui devait prendre.

---

(1) *Ne.... rien*, se traduit en latin par *nihil*, qu'on met toujours avant le verbe.

VERBES IRRÉGULIERS.

On appelle irréguliers les verbes qui , dans quelques-uns de leurs temps, ou quelques-unes de leurs personnes , se conjuguent autrement que ceux qui précèdent.

VERBES NEUTRES PASSIFS.

L'écolier, *discipul·us i.* m. { Oser, *aud·ere, eo, es , ausus sum.* Avoir coutume, *sol·ere, eo, es, solitus sum.*

22.

Les écoliers ont osé ; ils oseraient ; ils auraient osé ; qu'ils aient osé ; ils oseront.—L'écolier avait osé ; qu'il eût osé ; il ose ; il a osé.—Que j'osasse ; tu auras osé ; que nous ayons osé. — Les écoliers avaient coutume ; ils auraient eu coutume ; qu'ils aient coutume ; ils avaient eu coutume.—Avoir eu coutume; ayant eu coutume; en ayant coutume; qu'il aura coutume.

VERBE IRRÉGULIER DE LA TROISIÉME CONJUGAISON.

23.

Le roi, *re·x, regis.* m. — Offrir , *offer·re, o, obtuli, oblatum.*

Le roi offrirait ; il aura offert ; il offre ; il a offert.— Les rois avaient offert ; ils offriront ; ils

auraient offert ; qu'ils offrent ; qu'ils offrissent.
—Des soldats étaient offerts; ils avaient été offerts;
ils furent offerts , ils seront offerts. — Qu'un soldat ait été offert; il serait offert; qu'il soit offert ;
il aura été offert.—J'eus offert ; nous aurions offert; vous avez été offerts, nous offrirons.—Avoir
dû offrir ; devant être offert ; à être offert.

Volo , Nolo , Malo , Queo.

24.

Que tu veuilles ; ne veuille pas; qu'il aime
mieux; que j'aie voulu ; vous auriez voulu; vous
ne voulez pas ; vous aimerez mieux ; nous pou-
vions ; ils ont pu ; vous aurez pu ; qu'ils aiment
mieux.— Nous aurons voulu ; vous pourrez ; ils
auront aimé mieux ; ils ne pourraient pas.; que
nous ayons pu ; que nous eussions aimé mieux ;
que vous pussiez ; que je n'aie pas voulu. — Ne
vouloir pas; avoir mieux aimé; voulant; pouvoir.

COMPOSÉS DE *Sum.*

25.

Le poison , *venen-um i* , n. ⎰ Etre utile , *prod - esse ,
pro-sum , prod-es , fui.
Etre absent , *ab - esse ,
ab-sum , ab-es , ab-fui.*
Manquer , *de - esse , de-
sum , de-es , de-fui.*

Les poisons sont utiles ; ils seront utiles; ils ont
été utiles ; il auraient été utiles. — Le poison
avait été utile ; il aura été utile ; il était utile ; il
serait utile. = Tu serais absent ; nous aurions été
absens ; que vous soyiez absens ; ils étaient absens ; soyez absens ; que nous fussions absens ; je
ne serai pas absent.=Les soldats avaient manqué;

ils eurent manqué ; ils auront manqué.—Le soldat manqua ; il aurait manqué; qu'il ait manqué;
il manque.

Verbes *défectueux* , ou mieux *défectifs*.

On appelle *défectueux* , les verbes auxquels il
manque plusieurs personnes ou plusieurs temps.

26.

Connaître , *novi* , *novisse*.
Commencer, *cœpi* , *cœpisse*.
Haïr, *odi* , *osus sum*, *osus eram* , *odisse*.

Le roi a connu; il connaîtra; il connaissait; qu'il
connaisse.—Les rois connaissaient; qu'ils connus-
sent ; ils connaîtront. =Vous commencez ; nous
commencerons; que tu commençasses; commencez,
— La femme haïssait; qu'elle haïssait; les femmes
haïraient; elles ont haï; elles haïront.—Vous aviez
haï ; nous aurions haï ; tu eus haï; ils haïssent.

Verbes *impersonnels*, ou mieux *monopersonnels*.

Ces verbes n'ont qu'une seule personne , la
troisième du singulier dans tous leurs temps.

Il plaît , *libet*. — Il convient , *decet*.
Il est clair , *liquet*. — Il est permis , *licet*.
Je me repens , *me pœnitet ;* j'ai honte, *me pudet ;* je suis
fâché, *me piget ;* je m'ennuie, *me tœdet ;* j'ai compassion,
me miseret. Ces cinq derniers se conjuguent dans tous les
temps avec les pronoms accusatifs *me*, *te*, *illum* , *illam* ,
(ou un nom), au singulier, et *nos*, *vos*, *illos*, *illas* ,
(ou un nom), au pluriel (1).

---

(1) *Me pœnitet*, pour *pœna habet me* , la peine ou le repentir me tient; *te pudet*, pour *pudor habet te* , la honte
te tient; *illum tœdet* , pour *tœdium habet illum*, l'ennui
le tient, etc.

27.

Il était clair ; qu'il fût clair ; il plaira ; qu'il ait plu ; il aura été permis; il est permis; il a convenu ; qu'il eût convenu ; avoir convenu ; il serait permis.—Ils avaient compassion; j'aurai eu compassion; que vous avez compassion. — Tu avais honte ; nous avons eu honte ; il a honte ; vous aurez honte. — Nous serions fâchés ; soyez fâchés ; vous fûtes fâchés. — Que nous nous ennuyons ; je me serai ennuyé ; tu te serais ennuyé; je m'ennuie.

28.

Fendre, *find-ere*, *o*, *is*, *fidi*, *fissum*. — Dessiner, *de-line-are*, *o*, *as*, *avi*, *atum*.

Attirer, *pellic-ere*, *io*, *is*, *pellexi*, *pellectum*.—S'appuyer, *nit-i*, *or*, *eris*, *nixus sum*.

Il a attiré ; j'aurai dessiné; nous nous appuierons ; vous avez fendu ; tu aurais attiré ; dessine ; que tu te sois appuyé ; ils avaient fendu ; que j'eusse attiré ; vous dessineriez ; nous nous appuyâmes ; attirons ; que tu fendîsses; ils dessinaient ; devant fendre ; à dessiner ; elles se sont appuyés ; fendez; qu'ils s'appuyent. Nous aurions dessiné. Avoir attiré ; en dessinant.

SYNTAXE DES NOMS.

ACCORD DE DEUX NOMS.

Ludovicus *rex.*

Deux ou plusieurs *noms*, désignant une seule et même personne, une seule et même *chose*, se mettent au même cas.

THÈME 1.

Le chien animal. La baleine poisson. La violette fleur. Le pin arbre. Le perroquet oiseau. Le marbre pierre. — Les chiens animaux. Les baleines poissons. Les violettes fleurs. Les pins arbres. Les perroquets oiseaux. Les marbres pierres. — De la ciguë poison. A Junon déesse. Des épées armes. Aux rois hommes.

THÈME 2.

La Normandie province. La France royaume. Le Rhône fleuve. Lyon ville. Virgile poëte. Cicéron orateur. — De la Normandie province. A la France royaume. Au Rhône fleuve. De Lyon ville. A Virgile poëte. De Cicéron orateur. — La ville d'Athènes. Le fleuve du Rhin. Le mois d'avril.

THÊMES. — HUIT. *Elèves.*   B

RÉGIME DES NOMS.

Liber *Petri*.

Quand *de*, *du*, *des* entre *deux noms*, ne peuvent pas se tourner par *qui s'appelle*, on met le second au *génitif*.

THÈME 3.

Le créateur du monde. La providence de Dieu. La couleur de la rose. L'appareil du triomphe. Le troupeau de Mélibée. La Vénus de Praxitèle. Les victoires des Français. Les vices des hommes. Les habitans des montagnes. La fraîcheur des vallées. Le nombre des années.

Bonitas *divina*.

Souvent au lieu du *génitif*, on se sert d'un *adjectif* qui a la même valeur.

THÈME 4.

La providence de Dieu (*tournez* la providence divine). La république de Rome (*tournez* la république romaine). Le peuple d'Athènes. Le jour de fête. La couleur de safran. La pourpre des rois. L'odeur d'ambroisie. La guirlande de roses. L'ouvrage de cire. L'arc de triomphe.

Puer *egregiæ indolis* ou *egregia indole*.

Quand le mot qui suit *de* exprime une qualité bonne ou mauvaise, on peut mettre le nom au *génitif* ou à *l'ablatif*.

THÈME 5.

La haine du paysan d'un mauvais caractère. Les vers du poëte d'une humeur mélancolique. Le courage de la femme d'une vertu éprouvée. La couleur de l'eau d'une saveur détestable. Les manières de l'écolier d'une paresse insigne. La patience du maître d'une douceur blâmable. Un homme de grande sagesse.

~~~~~

Tempus *legendi*.

De entre un nom de chose *inanimée* et un *infinitif* français, se rend en latin par le gérondif en *di*.

THÊME 6.

LE pouvoir de nuire. L'envie d'apprendre. Le temps d'étudier. La nécessité de plaire. La manière d'agir. La fureur de jouer. Le droit de parler. L'audace de répondre. La cruauté de frapper. Le plaisir d'aimer. L'habitude de mentir. La folie d'avouer. L'occasion de s'enrichir.

~~~~~

Tempus *legendæ historiæ*.

Si le *verbe* gouverne, *l'accusatif*, il est mieux d'employer le participe en *dus*, *da*, *dum*, que l'on met au *génitif*, en le faisant accorder avec le nom.

THÊME 7.

LA crainte de perdre sa réputation. La honte de montrer son ignorance. La fureur d'acquérir des richesses. Le pouvoir d'opprimer son ennemi. La liberté de parcourir la campagne. La nécessité d'acheter un habit. L'ennui d'apprendre la grammaire. Le désir de bien employer son argent.

SYNTAXE DES ADJECTIFS.

ACCORD DE L'ADJECTIF AVEC LE NOM.

Deus *sanctus*.

L'adjectif s'accorde en *genre*, en *nombre* et en *cas* avec le *nom* auquel il se rapporte.

THÈME 8.

L'HIVER saison détestable. La rose fleur charmante. La toison de la brebis, animal très-doux. Aux médecins, hommes utiles, plus utiles, très-utiles. L'écorce des chênes, arbres durs, plus durs, très-durs. La lyre et la tête d'Orphée, musicien très-habile. Les œuvres d'Homère, poëte célèbre, plus célèbre, très-célèbre.

THÈME 9. *Même règle.*

LES compositions dégoûtantes des écoliers très-paresseux. La punition terrible des hommes ingrats, impies et très-débauchés. Malheur à l'enfant obstiné et désobéissant ! Les ornemens magnifiques des rois très-puissans. Honneur éternel au prince éclairé, humain et généreux !

Pater et filius *boni*, mater et filia *bonæ*.

Quand un *adjectif* se rapporte à *deux noms*, on met cet adjectif au *pluriel*.

THÈME 10.

LE loup et l'agneau ennemis. Le corbeau et le

sansonnet babillards. La tante et la cousine or-
gueilleuses. Le roi et le berger égaux. Le peintre
et le musicien habiles, plus habiles, très – habiles. La femme et la chatte perfides. Le général
et le soldat courageux, plus courageux, très-
courageux. Le chien et le cheval très amis.

* * * *

Pater et *mater boni.*—*Virtus* et *vitium contraria.*

Quand un *adjectif* se rapporte à *deux noms de différens genres*, l'*adjectif* prend *le plus noble des deux genres.* — Quand *les deux noms* sont de choses *inanimées*,
l'adjectif qui s'y rapporte se met au *pluriel neutre.* (Il
n'y a d'animé que les hommes et les bêtes.)

THÈME 11.

Le roi et la reine très-chéris. La fille et le père
très-irrités. La lionne et le léopard auraient été
redoutés. Un coq et une poule avaient été apportés. Le vin et l'eau contraires. Mon épée et ton sabre ont été brisés. L'œillet et la tulipe très-agréa-
bles ont été conservés. Le merle et le perroquet
auraient été achetés. Le frère et la sœur très-mé-
chans. L'honneur et la gloire exposés à la vue.

* * * *

Turpe est *mentiri.*

L'*adjectif* qui ne se rapporte à aucun nom précédent,
se met au *neutre.*

THÈME 12.

Il est agréable de se promener. Il est doux d'être aimé. Il est toujours beau d'étudier. Il serait très-dur d'être puni. Il n'est pas rare de tromper. Il aurait été juste de récompenser. Il est facile de parler, mais il est très-difficile de bien parler. Il est bien (1) honteux de se mettre en colère. Il sera bon de ne pas dormir. Il est triste de n'avoir pas été loué.

~~~~~~~

Deus est *sanctus*. — Credo Deum esse *sanctum*.

L'adjectif qui suit immédiatement le verbe *sum*, se met *au même cas* que le *nom* ou *pronom* qui précède le verbe, et auquel il se rapporte. On observe la même règle après tout autre verbe, quand l'*adjectif* le suit immédiatement.

THÈME 13.

Mon sort est déplorable. Les hommes sont ingrats et méchans. La femme de mon frère est très-douce. Les sœurs d'Antoine sont bien gaies. Les vices ont toujours été communs et les vertus fort rares. Ce pommier est superbe. Ce bœuf est très-gras ; mais cette génisse est bien maigre. Vos maîtres sont satifaits. Je crois que vous êtes paresseux (2) et même très-paresseux (3).

---

(1) *Bien, fort* devant un adjectif, veulent cet adjectif au superlatif. *Bien honteux*, c. a. d. *très-honteux*.

(2) Il ne faut pas toujours se servir de la conjonction *et*. Employez alternativement *ac, atque*, ou bien *que* qui se joint ordinairement à la fin d'un mot. *Et même, atque etiam* ou *etiamque*. *La mère et la fille*, mater ac filia, ou mater filiaque.

(3) En latin, on dit, *je crois vous être paresseux*.
~~~~~~~

Ego nominor *leo*. Aristides mortuus est *pauper*. Graculus rediit *mœrens*.

THÈME 14.

Ce voyageur est revenu riche et même très-riche. La mère et la fille dorment tranquilles. Cet homme intrépide a été surnommé *le lion*. Mon voisin mourra pauvre ; car il n'est pas économe. Ces soldats ont été jugés très-courageux. Théophile passait pour savant : mais il a été trouvé très-ignorant. Je crois que le frère n'est pas plus habile. Je me souviens que ce guerrier difforme était appelé Thersite ; il a toujours passé pour le plus lâche des Grecs.

RÉGIME OU COMPLÉMENT DES ADJECTIFS.

ADJECTIFS QUI GOUVERNENT LE GÉNITIF.

Avidus *laudum*.

Les adjectifs *avidus*, avide ; *cupidus*, qui désire, *studiosus*, qui a du goût pour ; *peritus*, habile dans ; *expers*, qui manque ; *patiens*, qui souffre ; *rudis*, qui ne sait pas ; *memor*, qui se souvient ; *immemor*, qui ne se souvient pas ; *plenus*, plein, etc. gouvernent le *génitif*. (1)

THÈME 15.

Les ambitieux seront toujours avides d'hon-

---

(1) On appelle *régime* ou *complément* d'un adjectif le nom ou pronom français amené par *à* ou *de* à la suite de cet adjectif. Nous indiquerons dans le dictionnaire le cas que gouvernent les adjectifs.

neurs. L'homme sage qui désire le repos , a du goût pour la solitude. L'écolier qui manque de courage, n'est pas fort avide d'instruction . L'enfant qui ne se souvient ni de Dieu ni de ses parens, est un véritable monstre. Les grands hommes de la Grèce étaient très-habiles dans la danse et dans la musique. Cette classe paraît pleine de mouches et de petits paresseux.

Cupidus *vivendi.*

Quand les adjectifs *avide, etc.* sont suivis d'un *infinitif* français, on met en latin cet *infinitif* au gérondif en *di.*

THÈME 16.

Les jeunes-gens qui ont du goût pour la langue latine , seront toujours avides de lire les bons auteurs de l'antiquité. Mon frère était curieux de connaître les poëmes de Virgile. Tu devrais être plus avide de travailler , toi qui ne sais pas même les premiers élémens de la grammaire. O enfant plein d'orgueil , tu ne seras donc jamais curieux d'apprendre les règles de la syntaxe. Orbilius de Bénévent , précepteur d'Horace , poëte très - célèbre , fut appelé *fouetteur* , parce qu'il était fort avide de battre ses écoliers.

Similis *patris* ou *patri.*

Similis, semblable; *par, æqualis* , égal ; *affinis*, allié, gouvernent le *génitif* ou le *datif.*

THÈME 17.

Ma sœur n'est pas semblable à ma cousine. Ce

jeune homme est allié au premier magistrat de la ville. Le soldat voudrait être égal à son général. Coriolan était très-semblable à sa mère. Les nobles indigens souffrent volontiers d'être alliés aux roturiers très-riches. César encore enfant désirait déjà être semblable à Alexandre-le-Grand. Ma part de l'héritage ne paraît pas égale à la part de mon frère.

Mihi utile est.— Natus *ad arma.*

Utilis, utile à ; *commodus*, avantageux à ; *infensus, iratus*, irrité contre ; *assuetus*, accoutumé à ; *aptus, idoneus*, propre à, etc. gouvernent le *datif.* Néanmoins avec *aptus, idoneus* et *natus*, on peut mettre *l'accusatif* avec *ad*.

THÈME 18.

L'ÉTUDE est avantageuse aux enfans ; mais la plupart accoutumés au jeu, paraissent toujours irrités contre les livres. Il est glorieux aux jeunes-gens curieux d'acquérir de la science, de ne pas être semblables aux paresseux peu propres au travail. Les Romains, accoutumés à supporter la fatigue, furent toujours très-propres à la guerre. Alexandre, né pour les armes, paraissait plus propre à vaincre qu'à gouverner. Il ne lui fut pas utile d'être adonné au vin et à la débauche.

Nota. Quand ces *adjectifs* sont suivis d'un *infinitif* français, on met en latin cet *infinitif* au gérondif en *do ;* et si cet *infinitif* a un *régime*, on se sert du participe en *dus, da, dum* que l'on fait accorder avec ce *régime*.

THÈME 19. *Même règle.*

ENFANS, vous paraissez propres à supporter le

travail, et vous êtes toujours pleins de colère, quand vos maîtres, gens qui souffrent trop facilement vos injures, sont curieux de vous être utiles. Soyez moins avides de dissipation, et plus désireux d'instruction. Un enfant accoutumé à respecter ses maîtres, devient habile dans les sciences, et propre à tous les emplois.

Propensus *ad lenitatem*.

Propensus, pronus, proclivis, porté à..... et tous les adjectifs qui marquent un penchant ou inclination à quelque chose, gouvernent *l'accusatif* avec *ad.*—Suivis d'un *infinitif* français, ils veulent le gérondif en *dum.* — Les adjectifs en *bundus* gouvernent *l'accusatif.* Ravageant les campagnes, *populabundus agros.*

THÉME 20. *Socrate.*

SOCRATE était porté à la douceur ; il ne parut jamais disposé à venger les injures. La femme de ce grand homme, appelée Xantippe, n'était pas très-semblable à son mari. Toujours prompte à se mettre en colère, elle semblait née pour exercer la patience de ce philosophe admirable. Il mourut innocent, et nullement irrité contre ses ennemis, gens barbares, portés à la vengeance, et accoutumés depuis long-temps à opprimer la vertu.

Præditus *virtute*.

Les adjectifs *præditus,* doué de; *dignus,* digne de, *indignus,* indigne de; *contentus,* content de, etc. gouvernent *l'ablatif.*

THÈME 21.

IL est rare de trouver des hommes contens de

leur sort. Le soldat enclin au pillage n'est pas digne de pardon. Ces écoliers étaient doués d'une mémoire extraordinaire: ils ont paru à leurs maîtres dignes de récompense. Mon valet, homme doué d'une rare intelligence, est content de ses gages. Il ne m'a jamais paru enclin à voler : je crois qu'il est digne de toute ma confiance.

Res *visu* mirabilis, *ou* mirabile *visu*.

Après les adjectifs *admirable à ; facile à; difficile à*, etc., *l'infinitif* français se rend en latin par le *supin* en *u.* — Quand on n'exprime pas le mot *chose, l'adjectif* se met au *neutre.*

THÈME 22.

LE temps de la moisson, chose agréable à voir, est toujours cher aux laboureurs. Le blé est facile à semer ; mais il est difficile à récolter : les pluies, la grêle et les vents sont très-funestes aux moissons ; et la famine, chose horrible à dire, est presque toujours la compagne de ces grandes calamités. La syntaxe n'est pas difficile à comprendre ; cependant la plupart des écoliers ne veulent pas apprendre les règles du rudiment.

RÉCAPITULATION DES RÈGLES PRÉCÉDENTES.

THÈME 23. *Le mois de mai.*

Nota. Les chiffres indiquent les thèmes.

LE mois de mai, temps désirable, est le plus beau mois de l'année. Les oiseaux du bocage sont alors doués d'une gaîté extraordinaire. Il est agréable d'entendre (1) les concerts harmonieux de ces petits musiciens emplumés, et de respirer la douce odeur des fleurs nouvellement éclôses. Le maître et l'écolier fatigués sont curieux de contempler alors les beautés de la campagne ; et, chose facile à concevoir, ils reviennent toujours contens de leur promenade , et se souvenant de Dieu créateur de toutes choses.

~~~~~~~

THÈME 24. *Le chien.*

LE chien, animal très-utile, est doué d'une intelligence peu commune, et la fidélité de cette excellente bête est admirable. Un (2) voyageur, qui ne se souvenait pas de son argent laissé près d'un arbre (3), revenait joyeux vers (4) sa femme ; le chien de cet homme ne fut pas curieux de le

---

(1) Tout verbe actif gouverne l'accusatif.

(2) Un voyageur , *quidam viator.*

(3) Près, *propè* avec l'accusatif. *Près d'un arbre, prope arborem.*

(4) Vers, *ad* avec l'accusatif. *Vers sa femme, ad uxorem.*
~~~~~~~

16   13   3
suivre; il aima mieux être le gardien du trésor
4   3   8   3
de son maître. L'absence de son chien parut d'a-
       14   1
bord répréhensible au voyageur , homme prompt
20   14
à se mettre en colère. Il retourna , avide de
16   8   8
le châtier ; mais ce fidèle animal , couché près
         8   15   13   21
du sac plein d'or , était digne de récompense ,
                     22
et le voyageur , chose facile à croire , ne fut
         13   18   8
plus (1) irrité contre son compagnon.

SYNTAXE DES COMPARATIFS ET SUPERLATIFS.

Doctior *Petro*. — Paulus est doctior *quàm Petrus.*

Après le *comparatif* exprimé par un *seul mot* latin , on met le nom à *l'ablatif* en supprimant le *que*. — On peut, après le *comparatif*, exprimer *que* par *quàm* , et mettre après *même cas* que devant.

THÊME 25.

Horace était plus gai que Virgile. Le cheval est plus vif que le bœuf. Les Romains étaient plus courageux que les Carthaginois ; mais les Carthaginois étaient plus rusés que les Romains. Cet enfant paraît plus habile que votre frère. Je

---

(1) Plus, davantage , *ampliùs.*

ne connais personne plus lâche et plus insolent qu'Antoine. Je crois que cet homme est plus sage que Caton. Le blé et le raisin sont très-précieux ; mais le blé est encore plus utile que le raisin.

Felicior quàm *prudentior.* — *Feliciùs* quàm *prudentiùs.*

Quand, après un *comparatif*, le *que* est suivi d'un *adjectif* ou d'un *adverbe*, cet *adjectif* ou cet *adverbe* se met encore au *comparatif* et au *même cas* que le premier.

THÈME 26.

Les vers de ce poëte paraissent plus jolis que corrects. Vous avez loué un écolier plus effronté que savant. Les princes de l'Asie sont souvent plus cruels que justes. Je pense que votre ouvrage est plus long que difficile. Vous agissez toujours plus étourdiment que prudemment. Cette femme, plus bavarde que retenue, a sans doute répondu plus hardiment que sagement.

Magis pius quàm tu. — *Majori virtute* præditus.

Quand *l'adjectif* latin n'a pas de *comparatif*, on exprime *plus* par *magis*, et alors le *que* s'exprime toujours par *quàm* avec même cas après que devant. — Si *l'adjectif* français se rend en latin par deux mots (un adjectif et un nom), *plus* s'exprime par *major*, *majus ; moins* par *minor*, *minus*, que l'on fait accorder avec le nom. — Presque tous les adjectifs qui ont une voyelle devant *us* sont privés de *comparatif* et de *superlatif*.

THÈME 27.

Les paysans sont plus propres à supporter les

fatigues de la guerre que les habitans des villes.
Le chant du rossignol est plus harmonieux que
le chant du merle. Socrate, condamné à cause
de son impiété, était plus pieux et plus vertueux
que ses juges. Les livres sont plus nécessaires aux
enfans que les joujoux. L'araignée et le ver à
soie sont plus industrieux que les autres insectes.
Ces écoliers sont plus punissables aujourd'hui
qu'hier.

~~~~~

Doctior est *quàm putas.*

Si le *que* après le *comparatif* est suivi d'un *verbe*, on
exprime toujours *que*, et l'on met en latin le même temps
que dans le français.

THÉME 28.

A NNIBAL vaincu se montra encore plus acharné
contre les Romains qu'il ne l'était auparavant.
Epicure était peut-être plus sage et moins répréhensible qu'il ne paraissait. Les régles de la syntaxe sont plus importantes que vous ne pensez.
Cet habit est encore plus beau qu'il n'était : le
tailleur a fait mieux qu'il n'avait promis. Rien
n'est plus désagréable que d'être trompé. Il est
souvent plus prudent de se taire que de parler. Il
vaut mieux mourir que d'être esclave.

SUPERLATIF.

Altissima *arborum,* ou *ex arboribus,* ou *inter
arbores,* etc.

Le *Superlatif* veut le *nom pluriel,* qui le suit, au *génitif,* ou à *l'ablatif* avec *ex,* ou à *l'accusatif* avec *inter;*
mais si le *régime* du *superlatif* était un *nom singulier,*
~~~~~

le *superlatif* ne s'accorderait pas avec ce *nom*, et alors il ne gouvernerait que le *génitif*. *Ditissimus urbis*, sous-entendez *homo*, c. à. d. l'homme le plus riche de la ville.

THÈME 29.

DIOGÈNE, surnommé le Cynique, était assurément le plus orgueilleux des Athéniens. Le chat, le plus ingrat des animaux, passait pour une divinité chez les Egyptiens, les plus insensés des hommes. Il fut très-facile à Cambyse, le plus rusé des conquérans, de vaincre ce peuple superstitieux. Le plus pauvre de cette contrée est le meilleur des citoyens; mais le plus riche du village est aussi le plus insensible de tous.

Validior manuum. — *Maximè omnium* conspicuus, etc.

Quand on ne parle que de *deux choses*, au lieu du *superlatif* qui est dans le français, on met le *comparatif* en latin. — Si l'*adjectif* latin n'a pas de *superlatif*, on se sert de *maximè* avec le *positif*. — Les noms que l'on appelle *partitifs*, comme *unus*, *quis*, *aliquis*, *nemo*, gouvernent le même *cas* que le *superlatif*.

THÈME 30.

LE plus coupable de ces deux soldats sera condamné. Qui de vous a frappé le plus faible des deux enfans du voisin? Les ennemis ont enlevé les plus remarquables de nos statues. Aucun des Grecs n'était plus astucieux que Sinon. Virgile, le plus ingénieux des poëtes, a chanté Enée, le plus pieux des héros. Quelqu'un des spectateurs a sifflé le plus vain des deux acteurs de cette comédie.

SYNTAXE DES VERBES.

ACCORD DU VERBE AVEC LE NOMINATIF OU SUJET.

Ego audio. — *Petrus et Paulus* ludunt, etc.

Tout *verbe*, quand il n'est pas à *l'infinitif*, s'accorde avec son *nominatif* en nombre et en personne.—On sous-entend ordinairement le *pronom nominatif*. Cependant il faut l'exprimer quand il y a *deux verbes* dont le sens est opposé, ou quand la phrase contient quelque chose de vif. — Si le verbe a *deux nominatifs* singuliers, on met ce verbe au *pluriel*, parce que *deux singuliers* valent un *pluriel*.

THÈME 31.

J'ATTENDS. Vous couriez. Tu parlas. Nous avions joué. Ils orneront. Il aura chanté. Revenez. Qu'ils recueillent. Je menacerais. Que vous louassiez. Qu'il ait frappé. Nous aurions trompé. Il se promène, et moi je suis enfermé. Le chien et l'âne voyageaient ensemble. Je serai loué, et vous, vous serez châtié. Le général et le soldat ont combattu très-courageusement. Pouvez-vous rire de la sorte ? Votre mère est malade, et vous badinez. La mère et la fille ont dansé fort élégamment. Le poëte et le musicien s'applaudissent.

Ego et tu valemus. — *Turba ruit ou ruunt.*

Si les *nominatifs* d'un même verbe sont de *différentes personnes*, le *verbe* prend la plus *noble* des *deux personnes*.—En français, la première personne se nomme après les autres ; c'est le contraire en latin. — Si le *nominatif* est un nom collectif, ce *verbe* peut se mettre au *pluriel*.

THÈME 32. *Les voleurs.*

VOTRE père et moi nous causions tranquillement, lorsque tout à coup des voleurs se précipitèrent sur nous. Je suis naturellement porté à la douceur : cependant je devins furieux à la vue de ces scélérats avides de butin. Votre père tire son épée ; je tire aussi la mienne, et tous deux nous mettons en fuite quatre brigands, les plus méchans des hommes. La foule accourt et arrête les fuyards. Elle les (1) aurait mis en pièces ; mais votre mère et vous, vous avez réprimé les plus ardens, et ces coquins attendent aujourd'hui la peine due à leur audace.

VERBES QUI GOUVERNENT L'ACCUSATIF.

Amo *Deum*. — Imitor *Patrem*.

Tout *verbe actif* gouverne l'*accusatif*.—Plusieurs verbes *déponens* ont la force des verbes *actifs*, et suivent la même règle.

THÈME 33. *L'enfant sage.*

L'ENFANT sage et bien élevé adore Dieu, créateur de toutes choses. Il aime et respecte ses parens, écoute ses maîtres, ne refuse pas le travail, et pratique soigneusement la vertu. Il suit toujours les bons exemples, déteste le vice et méprise les railleries piquantes des méchans. Chacun admire cet enfant; il s'attire les éloges des gens de bien, et Dieu ne l'abandonnera jamais.

---

(1) *Le, la, les*, devant un verbe, se tournent par *lui, elle, eux, elles*, et se rendent par *is, ea, id*, que l'on met au cas du verbe. *Les aurait mis en pièces*, tournez *aurait mis eux en pièces*.

Musica me juvat *ou* delectat.

Les verbes *juvat*, *delectat*, il fait plaisir; *manet*, il est réservé; *decet*, il convient; et *fugit, fallit, præterit*, ignorer, veulent au *nominatif* le nom de la chose qui fait plaisir, qui convient, etc., et le nom de la personne à l'*accusatif*.

THÈME 34. *Le paresseux.*

L'ÉTUDE ne fait pas plaisir au paresseux. Il ne sait jamais ses leçons, et presque toujours la dernière place de la classe lui est réservée. Il ignore les choses les plus simples, même les premiers élémens de la grammaire. Certainement l'orgueil ne convient guère à un tel enfant. Au contraire une honte éternelle l'attend, et tous ont du plaisir à se moquer de lui. Vous savez cela, jeunes-gens; fuyez donc la paresse, et que la science seule ait enfin des charmes pour vous (1).

VERBES QUI GOUVERNENT LE DATIF.

Studeo *grammaticæ*. — Defuit *officio.*

La plupart des *verbes neutres* gouvernent le *datif.* — Les composés du verbe *sum* gouvernent le *même cas*, excepté *absum* qui veut l'ablatif avec *à* ou *ab.*

THÈME 35. *La bonne mère.*

UNE mère à qui les progrès de son fils feraient plaisir, parlait hier en ces termes : Mon cher enfant, il faut bien étudier tes leçons, et contenter

---

(1) Tournez, *et que la science seule vous fasse plaisir.*

tous les maîtres. Si tu ne manques pas à ton devoir, quelque chose d'agréable t'est réservé. Ton père a toujours favorisé les écoliers diligens ; tu n'ignores pas cela. Il ne s'absentera pas de la maison, et ce soir vous assisterez ensemble au spectacle. Tu aimes les biscuits : souviens-toi seulement de mes conseils, je favoriserai ton envie, et les friandises ne te manqueront pas.

Magna calamitas *tibi imminet*. — Id *mihi accidit*.

Les trois verbes *imminere, impendere, instare*, gouvernent le *datif* (1).—Les verbes *accidit, evenit, contingit, il arrive; conducit, expedit*, il est avantageux; *placet*, il plaît, etc., veulent le nom de la personne au *datif*.

THÈME 36. *Le devoir d'un fermier.*

Il serait avantageux à mon fermier d'assister quelquefois aux travaux de ses serviteurs ; il lui arriverait plus rarement d'être trompé (2), et la perte de ses biens ne le menacerait pas. Rien n'est plus nécessaire que l'œil du maître. En effet chacun étudie son caractère et s'efforce de le contenter. Mais qu'il s'absente perpétuellement de sa maison, tous se feront un plaisir de manquer à leur devoir ; car le travail ne plaît guère aux domestiques, et les plus grands malheurs menaceront toujours l'homme négligent qui favorise leur paresse (3).

(1) Quand le verbe *menacer* a pour nominatif un nom de chose inanimée, on l'exprime par *minari* et non par *imminere*.

(2) *D'être trompé*, tournez, *qu'il fût trompé*, ut deciperetur.

(3) *Leur paresse*, tournez *la paresse d'eux*.

H omo irascitur *mihi*.— Est *mihi* liber. — Hoc
erit *tibi dolori*. — *Crimini* dedit *mihi* meam
fidem.

Les verbes déponens *irasci*, se mettre en colère ; *blan-
diri* , flatter ; *opitulari*, secourir ; *minari*, menacer, etc. ,
gouvernent le *datif*. — Quand on se sert du verbe *sum*
pour signifier *avoir*, on met le nom de la personne au
datif.—Si le verbe *sum* est employé pour signifier *causer*,
apporter, *procurer*, il gouverne *deux datifs* (1).

THÈME 37. *Le jardinier et l'arbre à fruit.*

Un jardinier avait un arbre à fruit mutin et
raisonneur. Dès que notre homme lui donnait du
secours contre le froid ou contre le chaud, il se
mettait en colère contre ce cultivateur diligent ,
et lui faisait un crime de ses bienfaits. Vous me
causez toujours de la douleur, disait-il, et jamais
vous ne me procurerez d'agrément. Je n'ai pas
soif, et vous m'inondez ; je n'ai pas froid , et vous
m'emprisonnez. Allez , méchant , je ne porterai
jamais de fruit. Le jardinier aurait pu blâmer ce
petit rebelle de son opiniâtreté, et même se fâcher
contre lui ; mais il aima mieux mépriser ses discours insensés (2), et l'arbre indocile porta bientôt malgré lui des fruits abondans.

---

(1) Les verbes *do* , *verto* , *tribuo* , suivent la même
règle.

(2) Tournez, *les discours insensés de lui ; ejus.*

VERBES QUI GOUVERNENT L'ABLATIF, LE GÉNITIF OU L'ACCUSATIF.

Abundat *divitiis*. — Fruor *otio*. — Miserere *pauperum*, etc.

Les verbes neutres qui signifient *abondance* ou *disette*, gouvernent ordinairement *l'ablatif*, ainsi que le verbe neutre passif *gaudere*, se réjouir. — Les verbes déponens *fruor*, *fungor*, *potior*, *vescor*, *utor*, *glorior*, *lœtor*, gouvernent l'ablatif. — *Misereri* gouverne le génitif; *oblivisci*, *recordari*, *meminisse*, gouvernent le génitif ou l'accusatif.

THÈME 38. *Les riches.*

LES riches regorgent de biens ; ils se nourrissent de mets délicats, se servent d'habits précieux, et jouissent de tous les avantages de la vie. La plupart ne se souviennent pas des pauvres qui manquent de toutes choses, vivent de pain noir, et ne se servent que de haillons (1). Cependant le pauvre qui ne jouit de rien, et le riche qui se glorifie de ses richesses, sont l'un et l'autre égaux devant Dieu. O hommes durs et superbes, ayez enfin pitié des pauvres, et n'oubliez pas les peines éternelles qui (2) vous sont réservées.

RÉCAPITULATION.

THÈME 39. *Les gens ivres.*

31   33   8

Vous rencontrerez souvent des ouvriers pleins

---

(1) *Ne... que* se tourne par seulement, *tantummodò*.

(2) *Qui, quæ, quod*, pronom relatif, suit la règle des adjectifs, et s'accorde en genre et en nombre avec le nom qui précède.

15 31   14   21
de vin qui paraissent contens de leur sort, et ne
 38   34   37
manquer de rien. Les passans se plaisent à leur
   37   8   33   37
faire un crime de cette joie, et à les blâmer
    8   8   37
d'une telle intempérance. Plusieurs même les
  31   37   31   6
menacent et les injurient. Cette manière d'agir
  13   31
est répréhensible ; ils devraient au contraire
  38   8   19
avoir pitié de ces malheureux accoutumés à sup-
            8   19
porter pendant toute la semaine les travaux les
      8   38
plus durs, et ne jouissant d'aucun plaisir ici
bas.

◊◊◊◊◊

THÊME 40. *Suite.*

  31   35
Je ne voudrais certainement pas favoriser l'i-
        8   8   29
vrognerie, vice honteux, et même un des plus
      29   31   33
honteux de tous. Cependant, j'ai connu des hom-
      8   27   31   31
mes très-sages et très-vertueux qui ne se mettaient
          47   31
pas en colère contre les pauvres, parce qu'ils
      38
usent du vin un peu trop largement (1). En effet,
  31   36   8
il est quelquefois avantageux à l'ouvrier, souf-

____

(1) *Un peu trop, paulò* avec le comparatif.

[15] frant toutes sortes de maux, d'être privé de [38] [31] raison, qui est pour lui un [14] présent plus f[8]neste (1) [26] qu'agréable.

THÈME 41. *Contre les chasseurs.*

[3] Après le temps de la moisson, le temps d[6]e [31] chasser arrivera. Votre père et vous, [32] qui [31] fûte[s] [15] toujours très-avides de cet exercice plus cruel [8] [26] qu'agréable, vous prendrez [31] tous deux un fusil, [33] et vous parcourerez [31] la campagne. [33] Le lièvre, ani[1]mal plein [8] de crainte, et la [15] perdrix, la plus tendre [8] des [29] mères, seront [31] les ennemis les [13] plus dignes [8] de [21] votre [8] courroux. Il vous [18] sera [31] agréable [12] de [12] tuer [33] ces [8] faibles [33] créatures, et vous vous réjoui[31]rez [33] de leur destruction (2), comme du plus [8] bel exploit. [38] Guerriers [8] illustres, vous n'oublierez [31] pas alors [38] l'[3]hymne de la victoire, et lorsque vous reviendrez [31] chargés [14] d'un si (3) noble [8] bu[21]tin, un char [4] de triomphe [34] vous [31] sera sans doute réservé. [34]

---

(1) *Qui est pour lui*, tournez, *qui est à lui, quœ est illi.*

(2) *De leur destruction*, tournez, *de la destruction d'elles.*

(3) *Si*, devant un adjectif ou un adverbe se rend par *tàm.*

THÈME 42. *Suite.*

O les plus barbares des mortels ! puisque le
carnage vous réjouit, prenez du moins les armes
contre des animaux plus propres à exercer votre
courage. Il vous serait plus glorieux de poursuivre les loups qui se nourrissent de la chair
des moutons, les renards qui ravagent (1) nos
basses-cours, et surtout ces furieux sangliers
qui se servent si avantageusement de leurs défenses contre les attaques des chiens et des chas-
seurs. Vous vous glorifieriez alors avec raison
de votre force et de votre adresse ; et , chose
facile à croire, la foule curieuse de voir les vain-
queurs , se précipiterait au-devant d'eux.

RÉGIME OU COMPLÉMENT INDIRECT
DES VERBES

Do vestem *pauperi*. — Minari mortem alicui.

Les verbes qui signifient *donner, dire, promettre*, etc.,
veulent au *datif* leur régime indirect marqué par *à*.—Les
verbes déponens *minari*, menacer ; *gratulari*, féliciter ;

---

(1) *Qui ravagent*, tournez , *ravageant.*

veulent le nom de la chose à *l'accusatif*, et le nom de la personne au *datif*.

THÈME 43. *Molière.*

MOLIÈRE avait donné par mégarde une pièce d'or à un pauvre. Notre homme se félicita d'abord de sa bonne fortune ; après qu'il eut rendu grâces à Dieu, il se promit un habit à lui-même, des hardes à sa femme, et des vivres à toute sa famille. Mais bientôt il devint tout soucieux. Les riches, dit-il, ne prodiguent pas ainsi leur argent au premier venu. Celui-ci n'a peut-être pas voulu me donner une somme si considérable. Aussitôt il rappelle son bienfaiteur, et lui rend la pièce d'or. Le poëte étonné félicita le pauvre d'une si belle action, et il ajouta sur-le-champ une seconde pièce à la première.

————

Hæc via ducit *ad virtutem.* — Doceo pueros *grammaticam.* — Scribo *ad te* ou *tibi* epistolam.

Quand le verbe signifie quelque mouvement, comme *conduire à*.... ou une inclination vers quelque chose, comme *exhorter à, exciter à*, etc., le régime indirect se met à l'accusatif avec *ad*. — Les verbes *docere, rogare, celare*, veulent *deux accusatifs*, le nom de la personne et celui de la chose. — Les verbes *scribo, mitto, fero*, veulent leur régime indirect à *l'accusatif* avec *ad*, ou au *datif.*

THÈME 44. *Le meûnier et l'âne.*

UN meûnier avait un neveu très-actif, et un âne très-paresseux. Un jour ce dernier portait de l'orge au moulin (1). Le maître, plus gai que de coutume, ne se servait pas du bâton. Seulement il exhortait ce vaurien à marcher plus vite, et, plein de bonhomie, il lui parlait en ces termes : Ecoute, Martin ; l'exemple de mon neveu devrait t'apprendre ton devoir. Je ne l'engage jamais deux fois à bien faire. Tous les jours il conduit seul mes farines à la ville, et le soir il m'apporte exactement mon argent. La fatigue ne l'excite pas à murmurer ; et toi tu ne parais jamais content de ton sort.

THÈME 45. *Suite.*

Cela est facile à dire, répondit le baudet ! mais je vous prie d'une chose : ne vous fâchez point (2) contre moi, et je ne vous célerai pas la vérité. Toutes les fois que le père du jeune homme écrit une lettre à son fils, il le félicite de son travail, et vous engage à le récompenser. Souvent aussi il lui envoie de l'argent, et vous-même vous le caressez sans cesse. Mais moi, après une longue fatigue, qui me félicite de ma diligence ? Qui m'apporte seulement un léger surcroît de chardons ? Ce n'est pas vous certainement (3), vieillard ingrat et cruel. Vous m'exhorteriez donc en vain plus long-temps. Où il n'est rien de bon à espérer, les belles paroles deviennent inutiles.

______

(1) Lorsque l'idée de tendance prévaut, il faut l'*accusatif* avec *ad.* On ne pourrait pas dire ici, *ferebat moletrinæ.*

(2) Quand on défend, on met *ne* avec le subjonctif : *ne vous fâchez pas, ne irascaris.*

(3) Tournez, *non vous assurément, non tu profectò.*

Accepi litteras *à patre meo.* — Id audivi *ex amico* ou *ab amico.*

Les verbes *demander, recevoir, emprunter, acheter, espérer, attendre, obtenir,* etc., veulent leur régime indirect à *l'ablatif* avec *à* ou *ab.* — Si le régime indirect du verbe *recevoir* est une chose inanimée, on le met à l'ablatif avec *è* ou *ex.* On fait de même après les verbes *allumer à, pendre à, juger à, puiser à,* etc. — Les verbes *audire,* apprendre; *quærere,* s'informer, veulent leur régime indirect à *l'ablatif* avec *à* ou *ab, è* ou *ex;* mais après *cognoscere,* apprendre, c'est toujours *è, ex.*

THÈME 46. *Vénus.*

VÉNUS, mère d'Enée, demanda un bouclier à Vulcain. Elle obtint facilement du fils de Jupiter cette légère faveur. Elle aurait même pu recevoir encore davantage d'un époux plus laid que méchant. Vous connaîtrez un jour par les vers de Virgile toute la complaisance du dieu des forgerons, dès qu'il eut appris de cette mère désolée le sujet de ses craintes (1). Je juge à vos yeux de votre curiosité; mais il n'est pas encore temps de la satisfaire (2).

THÈME 47. Mêmes règles. — *Le voleur.*

UN voleur alluma sa lampe à l'autel de Jupiter. Le dieu ne reçut pas une grande joie de la présence d'un tel hôte, et bientôt il connut, par les actions de cet impie, toute l'énormité de sa scélé-

---

(1) Tournez, *des craintes d'elle, ejus timorum.*
(2) Tournez *de satisfaire elle.*

ratesse. D'abord le voleur puisa du vin à une amphore sacrée; ensuite il emprunta à la divinité elle-même un superbe manteau , et déjà il prenait au tronc l'argent des fidèles , lorsqu'il connut, par le tremblement subit de tout l'édifice, l'indignation du fils de Saturne. Ce dieu lança la foudre , et le coupable reçut de lui la punition de son crime.

~~~~~~

Christus redemit hominem *à morte*. — Implere dolium *vino*. — Admonui eum *periculi* ou *de periculo*.

Les verbes *délivrer* , *racheter* , *éloigner* , *arracher* , *ôter* , *séparer* , *détourner* , etc., veulent leur régime indirect à *l'ablatif* avec *ab* ou *ex* , et quelquefois sans *préposition*. — Les verbes d'*abondance* , de *disette* et de *privation* , veulent leur régime indirect à *l'ablatif* sans *préposition*. — Les verbes *avertir* , *informer* , veulent leur régime indirect marqué par *de* , au *génitif*, ou à *l'ablatif* avec *de* (1).

THÊME 48. *Le jugement dernier.*

Les hommes connaîtront , par des signes certains, l'approche de la fin du monde. Dieu lui-même nous a avertis de cette chose. Puisqu'il nous a informés de son dessein , il ne veut pas nous priver des trésors de sa miséricorde. Au contraire , il a rempli les justes d'espérance, en leur promettant une vie éternelle. Éloignez-vous donc de la voie de perdition , et il vous comblera de ses grâces. Au dernier jour , le Christ vien-

---

(1) Avec *moneo* l'on met bien les *accusatifs neutres*, *hoc* , *id* , *illud* , *unum*. *Je les avertis de cela* , *hoc eos moneo* , *d'une chose* , *unum* , sous-entendu *negotium*.
~~~~~~

dra plein de gloire et de majesté ; et, après qu'il aura séparé les bons des méchans, il parlera en ces termes :

THÈME 49. *Mêmes règles.* — *Suite.*

Venez avec moi, vous tous les bénis de mon père (1). Délivrés pour toujours de la servitude du péché, jouissez dès à présent d'un bonheur inaltérable. Puis, apostrophant les réprouvés : Insensés, dira-t-il, je vous avais rachetés de la mort, et rien n'a pu vous détourner du chemin des enfers : je vous ai souvent avertis du danger, je vous ai même comblés de bienfaits, mais vous n'avez pas voulu vous séparer du prince des démons. Allez, maudits, éloignez-vous de ma présence, et que les feux pénétrans vous dévorent à jamais.

Insimulare aliquem *furti* ou *furto*. — Damnare aliquem *ad triremes*. — *Arguitur prodidisse* rempublicam. — *Jussus est* ab urbe *discedere*.

Les verbes *accuser, condamner, absoudre, convaincre*, veulent leur régime indirect au *génitif* ou à *l'ablatif*, mais mieux au *génitif*. — Avec le verbe *condamner*, le nom de la peine *particulière et déterminée* se met à *l'accusatif* avec *ad*. — Les verbes *accuser, condamner*, suivis d'un *infinitif*, s'expriment : *accuser* par *arguere*, et *condamner* par *jubere*, avec *l'infinitif* latin.

THÈME 50. *Aristide.*

Aristide fut condamné à un exil de dix ans

---

(1) Tournez, *vous tous bénis par mon père*, à *patre meo benedicti*.

par le jugement (1) des coquilles, qui était appelé Ostracisme. Même il reçut ordre de sortir sur-le-champ de la ville. De quel délit était-il donc accusé, puisque les citoyens ne voulurent pas absoudre ce grand homme de l'accusation intentée contre lui? Je ne vous célerai point la vérité, Messieurs : Aristide n'était pas accusé d'avoir trahi la république; mais il fut seulement convaincu de justice et de probité, crime impardonnable chez les Athéniens, les plus ingrats et les plus soupçonneux de tous les hommes.

* * *

Deus *amat* virum bonum, *illi*que favet.

Quand *deux verbes* n'ont qu'un régime en français, et que les *verbes latins* gouvernent différens cas, on met le nom *au cas* du premier verbe, et l'on se sert d'un des pronoms *is*, *ille*, *ipse*, pour le mettre *au cas* du second.

THÈME 5) *Les enfans.*

LES mères trop indulgentes louent et flattent leurs enfans; mais les instituteurs, plus raisonnables, ne supportent ni ne favorisent les défauts de leurs élèves. L'enfant confié au célèbre Rousseau, ne lisait et n'étudiait pas ses leçons. Il tourmentait et menaçait son maître nuit et jour : mais

---

(1) *Par le jugement :* mettez l'ablatif sans préposition.

le philosophe ne ménagea pas et dompta ce petit indocile. Qui ne plaindrait pas le sort des malheureux, condamnés au supplice affreux d'instruire et de surveiller des enfans, qui ne veulent ni respecter ni contenter leurs maîtres ?

RÉCAPITULATION.

THÈME 52. *Le hanneton.*

Le hanneton qui fait tant de plaisir aux enfans, ravage les feuilles des arbres et les dépouille de leur parure. Cet insecte est donc plus nuisible qu'utile, et il devrait être impitoyablement privé de la vie. Néanmoins les paresseux surtout reçoivent une grande joie de sa société (1). L'empressement de jouer avec lui les détourne du devoir, et ils ne contentent plus ni maîtres ni parens. Plût à Dieu qu'ils fussent mieux informés de son origine (2)! ils se sépareraient bientôt d'un tel compagnon.

---

(1) *De sa société*, tournez, *de la société de lui.*
(2) Tournez, *de l'origine de lui.*

THÈME 53. *Suite.*

Ce vil insecte fut d'abord un ver blanc, horrible et difforme. Il rongeait les racines des plantes avant qu'il ravageât les feuilles des arbres. Mais il ne faut pas les accuser d'indulgence envers lui. Le pauvre hanneton ne se réjouit pas long-temps de son sort. Ces petits barbares le condamnent à la chaîne ; ils le dépouillent tantôt d'une aile, tantôt d'une pate, et après qu'ils lui ont causé bien de la douleur (1), ils lui donnent enfin la mort, à laquelle il fut condamné, dès qu'il lui est arrivé (2) de tomber entre leurs mains (3).

---

(1) Tournez, *après qu'ils ont été à grande douleur à lui.*

(2) *Il lui est arrivé de tomber,* tournez, *qu'il tombât, ut caderet.*

(3) *Entre leurs mains,* tournez *entre les mains d'eux.*

C.

RÉGIME DES VERBES PASSIFS.

Amor *à Deo.* — *Mœrore* conficior.

Le régime du verbe passif se met à *l'ablatif* avec *à* ou *ab* quand c'est un nom de chose *animée.* — Si le régime du verbe passif est un nom de chose *inanimée*, on met *l'ablatif sans préposition.* — Avec *probor, improbor, videor,* et les participes en *dus, da, dum,* on met mieux le nom au *datif* qu'à *l'ablatif.*

THÈME 54. *Robinson.*

Vous devriez lire la vie de Robinson, si ardemment recherchée de presque tous les écoliers. Long-temps battu de la tempête, ce fameux voyageur aurait été accablé par les flots; mais il ne fut pas abandonné de Dieu, et, après que son vaisseau (1) eut été brisé par la foudre, il nagea vers une île déserte, très-bien décrite par l'auteur anglais, dont l'ouvrage ingénieux (2) sera toujours approuvé des lecteurs. Robinson ne fut pas long-temps abattu par le chagrin. Cette île était entourée de tous côtés par une immense étendue d'eau : mais il fut toujours soutenu par l'espoir d'être rendu à la société par quelque heureux événement.

---

(1) *Et après que son vaisseau eut été brisé,* tournez *après le vaisseau de lui brisé, post* avec l'accusatif.

(2) *Dont l'ouvrage,* tournez *duquel l'ouvrage, cujus.*

Hoc *ad me* pertinet.

Les trois verbes *pertinere*, appartenir ; *attinere, spectare*, regarder, avoir rapport à , veulent le nom de la personne à l'accusatif avec *ad*.

THÊME 55. *Le maître insolent.*

Un maître insolent, justement méprisé de tous les honnêtes gens, gourmandait ainsi son valet : Il ne t'appartient pas, maraud, de lever les yeux devant moi. Cirer mes bottes, battre mes habits, exécuter fidèlement tous mes ordres, et surtout ne murmurer jamais, voilà ce qui te regarde. A moi seul appartient de te commander, de t'injurier, et même de te rosser, selon mon plaisir. Le valet indigné répondit : Il vous appartiendrait plutôt d'user moins orgueilleusement de vos droits. La douceur et la modération ne regardent pas moins les maîtres que les domestiques.

Me pœnitet *culpæ meæ.* — Incipit *me* pœnitere *culpæ meæ.*

Les cinq verbes *pœnitet, pudet, piget, tædet, miseret*, veulent à *l'accusatif* le nom ou pronom qui précède le verbe français, et au *génitif* le nom qui le suit. — Tous les verbes, excepté *volo, nolo, malo, audeo, cupio*, deviennent impersonnels devant *pœnitet, pudet*, etc. c.

à. d. qu'on les met à la *troisième personne* du singulier, et le nom qui les précède se met à *l'accusatif.*

THÈME 56. *Exhortation aux jeunes-gens.*

Vous serez fâchés un jour d'avoir mal employé le temps précieux de votre jeunesse, et vous aurez honte de votre ignorance. Les livres nous ennuient, dites-vous, et nous ne nous sommes pas encore repentis d'avoir donné au jeu le temps de l'étude. Insensés, jusqu'à quand ne rougirez-vous pas de parler ainsi? Vos maîtres eux-mêmes se repentiraient de s'être chargés du soin de votre éducation, si (1) vous ne deviez jamais avoir regret d'une telle conduite.

THÈME 57. Mêmes règles. — *Suite.*

Maintenant nous avons pitié de votre âge, et nous ne voudrions pas nous lasser de notre persévérance. Lorsque vous serez devenus plus sages et plus raisonnables, vous commencerez à vous repentir de nous avoir causé tant (2) de maux, et vous rougirez de votre égarement. La plupart de vous n'osent peut-être pas encore se repentir d'avoir pris une mauvaise route ; mais bientôt ils s'ennuieront de leur obstination, et nous ne nous repentirons jamais de les avoir excités au travail.

---

(1) *Si vous ne deviez*, mettez l'imparfait du subjonctif avec *si.*

(2) *Tant* se rend par *tot*, devant un nom de choses qui se comptent.

Refert, interest *regis*.—Refert, interest *mea*.

Les verbes *refert*, *intèrest*, veulent au *génitif* le nom qui suit le verbe français *il importe*. L'on sous-entend *re* ou *causâ*, devant ce *génitif*. — Avec *refert*, *interest*, ces pronoms *me*, *te*, *se*, *nous*, *vous*, *lui*, *leur*, s'expriment par *mea*, *tua*, *nostra*, *vestra*, *sua*.

THÊME 58. *Phrases.*

IL importait à Antoine de ne pas mener une vie molle et dissolue ; mais il aurait également importé à Cicéron d'épargner ce Romain, homme orgueilleux et avide de vengeance. Devenu triumvir, Antoine crut qu'il lui importait d'arracher la vie à son ennemi, et même il n'eut pas honte de contempler la tête encore sanglante de ce célèbre orateur. Il vous importerait, jeunes-gens, d'étudier la géographie, et de lire avec attention l'histoire des peuples anciens et modernes (1). Il m'importe de vous avertir de cela, et il vous importera toujours de ne pas l'oublier.

Refert mea *Cæsaris.*— *Utriusque* nostrûm interest. — *Ad honorem* nostrum interest.

Si , après *il importe*, ces pronoms à *moi* , à *toi* ,etc. sont suivis d'un *adjectif* ou d'un *nom*, l'on met au *génitif* cet *adjectif* ou ce *nom*.—Ces phrases : il nous importe *à tous deux*, il vous importe *à tous deux*, etc., se tournent ainsi : il importe à *l'un* et à *l'autre de nous*, de *vous*, etc., *utriusque nostrûm*, *vestrûm*, etc.—Si le ré-

---

(1) *Modernes*, mettez *recentiorum* au lieu de *recentium*. Il est quelquefois plus élégant de rendre le *positif* français par le *comparatif* latin.

gime des verbes *refert*, *interest* est un nom de chose *inanimée*, on met ce nom à *l'accusatif* avec *ad*.

THÊME 59. *Un père à son fils.*

Mon cher fils, il importe à ma tranquillité d'apprendre de vous la cause de votre silence. Sans doute vous ne rougissez pas d'écrire à votre père, et je serais fâché de vous accuser de négligence. Cependant il nous importe à tous deux de ne pas vivre plus long-temps de la sorte. Il importerait peut-être à moi, votre père, de ne pas me montrer si indulgent; mais il importe à vous seul de réparer votre faute, en écrivant à votre mère et à moi une lettre semblable à votre dernière, de laquelle (1) nous avons reçu tous deux une très-grande joie. Je demande cette grâce à mon fils, et je crois qu'il importe à son honneur (2) de me satisfaire au plus tôt.

Est *regis*. — *Meum* est loqui. — Hic liber est

meus.

Le verbe impersonnel *est* veut au *génitif* le nom qui suit le verbe français. — Quand on se sert du verbe *est*, pour exprimer *il appartient à*, *c'est à*, ces pronoms *à moi*, *à toi*, *à nous*, *à vous*, *à lui*, *à eux*, se rendent en latin par *meum*, *tuum*, *nostrum*, *vestrum*, *suum*. (On ne met *suum* que quand *lui* se rapporte au *nominatif* de la phrase, autrement ce serait *ejus*.) — Mais si ces pronoms *à moi*, *à toi*, etc., peuvent se tourner par *mien*,

---

(1) *De laquelle*, è quâ.
(2) *A son honneur*, tournez à *l'honneur de lui*.

tien, *notre*, *votre*, on les exprime par *meus, tuus, nos-ter, vester*, que l'on fait accorder avec le *nom*.

THÈME 60. *Louis XII.*

Il appartient à un prince inhumain de tourmenter ses sujets, de construire des prisons, de lever des impôts, et de ne jamais oublier les injures. Mais les princes sages croient que c'est à eux de protéger les peuples, de les ménager, et de veiller à leurs intérêts (1). Un riche habitant d'Orléans n'avait pas eu honte d'insulter Louis XII, encore duc de cette ville. Un des courtisans s'imagina qu'il importait à l'honneur du prince de châtier l'insolent. Cet homme est à vous maintenant, disait-il ; c'était à lui de vous respecter. Avant mon avènement au trône (2), il n'était pas à moi, dit Louis. Depuis ce temps je suis devenu son père (3) : il n'appartient pas au roi de France de venger les offenses du duc d'Orléans.

---

(1) *À leurs intérêts*, tournez *aux intérêts d'eux*.

(2) *Avant mon avènement au trône*, tournez *avant que j'allasse dans la souveraineté*. Antequàm principatum inirem.

(3) *Son père*, tournez *le père de lui*.

Mihi opus est *amico*. — Interdico *tibi domo meâ*.

Quand on exprime *avoir besoin* par l'impersonnel *opus est*, on met en latin *au datif* le nom ou pronom qui précède le verbe français, et à *l'ablatif* le nom qui le suit. — Le verbe *interdico* veut le nom de la personne au *datif*, et le nom de la chose à *l'ablatif*.

THÈME 61. *Le malade.*

Ce malade avait besoin d'une bonne nourriture ; mais le médecin lui a interdit le vin et les alimens substantiels ; il aurait eu besoin de chaleur, ce maudit Esculape lui a encore interdit le feu et les couvertures de laine. Aussi le malheureux n'aura bientôt plus besoin de secours, et la tombe seulement ne lui sera pas interdite. O enfans, soyez sobres et modérés : vous aurez rarement besoin de ces hommes cruels, ne s'interdisant jamais les écus des malades, et toujours prompts à leur interdire les choses les plus nécessaires.

Amat *ludere*. — Eo *lusum*. — Venio *ad studendum*.

Quand deux verbes sont *de suite*, et que le premier ne marque point de *mouvement*, on met le second à *l'infinitif*. — Si le *premier* signifie *mouvement* pour aller ou venir en quelque lieu , on met le *second* au *supin* en *um*. — Lorsque le *second* verbe n'a point de supin , il faut le tourner par *pour* , et l'exprimer par *ad* avec le gérondif en *dum* , ou par *afin que* , et l'exprimer par *ut* avec le *subjonctif*.

THÈME 62. *Clémence du roi Robert*

CERTAINS hommes n'eurent pas honte de conspirer contre le roi Robert ; mais ils ne purent ourdir long-temps en cachette leurs trames criminelles. Jetés en prison , ils n'osérent pas nier cette action odieuse ; mais ils parurent la détester sincèrement. Néanmoins ils furent condamnés à mort par les juges , qui ne voulurent jamais révoquer la sentence. Le roi , désirant les sauver , usa d'un pieux stratagème. Un confesseur alla par son ordre (1) consoler les coupables , et le lendemain ils vinrent tous ensemble à l'église recevoir la sainte communion. Robert alors parla aux juges en ces termes : Il ne vous appartient pas d'envoyer au gibet des hommes que Jésus-Christ n'a pas dédaigné d'admettre à sa table.

THÈME 63. Mêmes règles. *Lucullus.*

LUCULLUS se plaisait à vivre dans les délices. Il ne craignait pas de dépenser des sommes consi-

---

(1) Tournez , par *l'ordre de lui*.

dérables pour (1) satisfaire sa gourmandise. Les cuisiniers de Rome venaient chez lui étudier l'art sublime des assaisonnemens ; et lorsqu'ils connaissaient à fond les sauces et les ragoûts, ils allaient dans les principales villes de la Grèce et de l'Italie, briller par leur savoir faire et leur habileté. La plupart des Romains se sont efforcés de transmettre à la postérité le souvenir de leurs vertus ; mais Lucullus a mieux aimé se faire remarquer par l'énormité de son luxe et de ses profusions.

Redeo *ab ambulando.* — Te hortor *ad legendum.*

Lorsque deux verbes sont de suite, et que le *premier* signifie *mouvement* pour venir de quelque lieu, on met le second au gérondif en *do* avec *à* ou *ab*. Si le *second verbe* a un régime, et qu'il gouverne *l'accusatif*, servez-vous plutôt du participe en *dus, da, dum*, et alors mettez le participe et le régime à l'ablatif avec *à* ou *ab*, en les faisant accorder. — Après les verbes qui signifient *mouvement vers quelque lieu*, ou *inclination vers quelque chose*, comme *pousser à, exhorter à*, etc., on exprime *à* par *ad*, et l'on met le verbe au gérondif en *dum*. Si le *second verbe* a un régime, et qu'il gouverne *l'accusatif*, servez-vous encore du participe en *dus, da, dum*, que vous mettrez à *l'accusatif* avec *ad*, en le faisant accorder avec son régime.

THÈME 64. *Projet de dîner.*

Lorsque vous reviendrez de chasser, je serai sans doute revenu de visiter mes fermiers. Nous

---

(1) *Pour satisfaire, ad* avec le gérondif en *dum.*

engagerons votre frère à nous accompagner, et nous irons ensemble dîner chez mon oncle. Un pêcheur qui revenait de jeter ses filets, m'excitait à acheter des poissons de rivière ; mais notre voisin, revenu aujourd'hui de parcourir les ports de la France, m'a détourné de les prendre. Il m'a offert deux homards et un énorme turbot, et rien n'a pu le déterminer à recevoir mon argent : aussi je l'ai invité à augmenter le nombre des convives. Je vous exhorte maintenant à chasser en conscience : mon oncle fournira le vin, et rien ne nous manquera pour faire un dîner délectable. (1)

~~~~~~

Consumit tempus *legendo*. —Dedit mihi *libros legendos*.—Vidi eum *ingredientem*.

Quand *à* devant un *infinitif* français peut se tourner par *en* et le *participe présent*, on met cet *infinitif* au *gérondif* en *do*, avec ou sans la préposition *in*. — Quand *à* devant un *infinitif* français peut se tourner par *pour* avec *l'infinitif* passif, on se sert du participe en *dus*, *da*, *dum*, que l'on fait accorder avec le nom qui précède. — Après les verbes *voir*, *sentir*, *écouter*, *entendre*, *admirer*, l'infinitif français se met au *participe présent*, que l'on fait accorder avec le régime des verbes *voir*, *sentir*, etc.

THÈME 65. *La Cigale et la Fourmi.*

La fourmi passait le temps de l'été à faire des provisions. Chacun la voyait trotter sans cesse, et chercher partout des grains de blé à traîner

---

(1) *Faire un dîner délectable*, tournez, *dîner très-agréablement.*
~~~~~~

dans son magasin. La cigale, qui passait les jours entiers à chanter et à ne rien faire, entendit certaines gens vanter la diligence de ce petit insecte, et peu après elle le vit lui-même revenir avec son butin. Ma voisine, dit-elle, je vous admire travailler et vous fatiguer de la sorte, tandis que vous pourriez rester tranquille à vous reposer. La nature nous a donné si peu de jours à passer ici bas ! Suivez mon exemple, et ne soyez pas si ingénieuse à vous tourmenter. La fourmi secoua la tête, et continua son chemin.

THÈME 66. Mêmes règles. *Suite.*

La belle saison s'écoula peu à peu. Bientôt la cigale entendit l'aquilon siffler à ses oreilles : elle vit la campagne se couvrir de frimas, et ne trouva plus rien à mettre sous la dent. Pressée par la faim, elle se souvint de la travailleuse, et courut aussitôt frapper à sa porte. Ma bonne, lui dit-elle, vous avez, je le sais, une ample provision de blé : je viens vous demander seulement quelques grains à emprunter; je vous les rendrai avec intérêt. La fourmi n'aime guère à prêter. Elle lui répondit en souriant : O vous que j'ai entendue cet été parler si sagement, je n'ai rien à vous offrir aujourd'hui, si ce n'est un bon conseil : vous passiez alors le temps à chanter ; eh bien ! passez-le maintenant à danser.

RÉCAPITULATION.

THÈME 67. *Les trois Coqs.*

8   1   3   8   3
Trois coqs, habitans d'une même ferme,
31   58   58   62   33
crurent qu'il leur importait de parcourir l'uni-
55   31   62
vers. Il nous appartient, disaient-ils d'acquérir
38   56   56   62
de la science, et nous devrions rougir d'être
8   31
restés si long-temps dans cette prison. Ils quit-
33   31   8
tèrent donc la basse-cour, et passèrent le pre-
33   65   65
mier jour à visiter les champs. Le lendemain
37   8   65
ils eurent une vaste forêt à traverser, et la peur
33   31   64   33   31
les engagea à chercher un guide. Le renard dit
60   60   62   33
que c'était à lui d'accompagner les voyageurs;
31   38   8   38   31   56
il se glorifia de son adresse, et n'eut pas honte
62   8   8   33   61   61
de vanter son extrême probité : ils n'avaient pas
61   61   8
besoin d'un guide plus honnête.

THÈME 68. *Suite des trois Coqs.*

31   50   33   50   31
Je n'accuse pas le renard de mensonge, dit
30   33   34   3   34
l'un d'eux ; cependant je n'aime pas son al-

8 31 13 8 15
lure (1). Cet animal me paraît plein de ruse,
31 8 33 46 8 3
et je ne reçois aucune assurance de tous ses
46 36 36
discours. Il ne nous sera pas avantageux de
62 33 8 31
suivre un tel guide. Vos soupçons ne sont pas
54 31 8 31 8
approuvés de moi, répondit un autre coq ; ce re-
31 13 8 5 34
nard me paraît d'un bon naturel, j'ai beaucoup
34 62 65 56 56
de plaisir à l'entendre parler, et je me repen-
62 38 3 38
tirais d'être privé de sa (2) compagnie.

~~~~~~~~

THÈME 69. *Suite des trois Coqs.*

8 31 13
LE troisième coq était fort prudent. Il ne
55 31 37 62 37
m'appartient pas , dit-il, de vous blâmer de
8 31 8 33 13 21
votre avis. Je crois que ce renard est doué
8 8 21
en même temps de bonnes et de mauvaises qua-
58 8 58
lités. C'est pourquoi il importe à notre sûreté
62 48 3 48
d'être mieux informés de ses (3) habitudes.
46 33 46 3
Sachons la vérité des habitans du canton, et

---

(1) *Son allure*, tournez *l'allure de lui.*

(2) *De sa compagnie*, tournez, *de la compagnie de lui.* En général, *son, sa, ses, leur, leurs*, se rendent par *is, ea, id,* quand ils ne se rapportent pas au nominatif de la phrase.

(3) Tournez, *des habitudes de lui.*
~~~~~~~~

ensuite nous verrons ce que (1) nous aurons
à faire. Le renard n'était pas curieux de toutes
ces recherches. Je jouis, dit-il, d'une réputation
excellente, et il ne m'est pas permis de passer
le temps à rien faire. Il m'importe de partir
sur-le-champ ; suivez-moi donc, ou je serai
forcé de vous dire adieu.

~~~~~

THÈME 70. *Suite des trois Coqs.*

Vous l'entendez parler, dit le plus imprudent des trois coqs. Cette nouvelle assurance
me décide : je suis prêt à suivre le renard.
Cela vous regarde, répondirent les deux autres ; plaise à Dieu que vous ne vous repentiez
jamais de votre confiance ! Le renard s'en alla
bien joyeux. Ce coq est à moi, dit-il en lui-
même, et personne ne viendra lui porter du
secours. Dès qu'ils furent partis, un autre guide
se présenta. Vous n'accuserez certainement pas
celui-ci de dissimulation et de perfidie ; car

---

(1) Tournez, *quelle chose sera à être faite à nous.*
Quid avec le participe en *dus, da, dum.*
~~~~~

c'était (1) un mouton, le plus simple et le meilleur des animaux du pays. Tous le comblaient de louanges, et félicitaient les voyageurs.

THÈME 71. *Suite des trois Coqs.*

Je n'aurais pas voulu suivre le renard, dit aussitôt le coq soupçonneux ; mais les braves gens me font plaisir, et je ne m'interdirai pas les bons offices de celui-ci. L'autre coq secoua la tête, et lui répondit en ces termes : Je ne blâme pas le mouton de sa bonté (2), mais j'ai besoin d'un guide qui puisse me délivrer du danger : la forêt ne me paraît pas sûre ; il m'importe d'attendre un autre compagnon de voyage. Comme il vous plaira (3), dit l'autre coq, et il partit avec le mouton. Le coq prudent resta seul, et il n'eut pas lieu de se repentir (4).

____

(1) Tournez, *car il était un mouton.*
(2) *De la bonté de lui.*
(3) Comme il vous plaira, *ut tibi libuerit.*
(4) *Il n'eut pas lieu de se repentir ,* tournez, *lieu de se repentir ne fut pas à lui.*

THÈME 72. *Suite des trois Coqs.*

Un dogue, surnommé *Fidèle*, vint presque
aussitôt lui offrir ses services. Il n'était pas
moins honnête que le mouton ; mais il ne craignait pas de montrer les dents aux ennemis.
Chose facile à croire, il jouissait de la meil-
leure réputation : notre voyageur connut bientôt, par le témoignage des habitans , qu'il
lui importait de ne pas se séparer de *Fidèle*.
Ils entrèrent donc ensemble dans la forêt : ils
n'étaient pas encore bien éloignés, lorsqu'ils
trouvèrent les plumes du premier coq, indignement étranglé par le perfide renard. Un peu
plus loin, ils virent la peau du pauvre Robin et les pates de son (1) imprudent compagnon.

THÈME 73. *Fin des trois Coqs.*

Un loup cruel les avait privés de la vie, et
leur chair était devenue la pâture du brigand.

---

(1) *De son compagnon*, tournez, *du compagnon de lui.*

Le troisième coq traversa paisiblement la forêt; le dogue ne lui fit aucun mal (1), et la présence d'un si bon guide le délivra de toute crainte.

Ecoutez, jeunes-gens; ceci vous regarde. A l'entrée de la vie, vous avez besoin de protecteurs; mais il vous importe de faire un bon choix. Il vous sera facile de trouver des renards qui vous promettront monts et merveilles: vous verrez des moutons inutiles à vous et à eux-mêmes. N'ayez pas honte de rejeter ces gens-là. C'est à vous de choisir l'homme de bien qui peut vous défendre. L'ami perfide est dangereux; l'ami tiède ne sert de rien (2); l'ami zélé est seul digne de confiance.

---

(1) *Ne lui fit aucun mal*, tournez, *ne nuisit à lui en aucune manière.*

(2) Ne sert de rien, *nihil prodest.*

SYNTAXE DES PRONOMS.

ACCORD DES PRONOMS AVEC L'ANTÉCÉDENT.

Deus *qui* regnat. — Pater et mater *quos* amo. —
Virtus et vitium *quæ* sunt contraria.

Le pronom relatif *qui*, *quæ*, *quod*, s'accorde en *genre*
et en *nombre* avec le *nom* ou *pronom* qui précède, et que
l'on nomme *antécédent*. — Quand le relatif *qui*, *quæ*,
quod a *deux antécédens*, on le met au *pluriel*, et si les
antécédens sont de *différens* genres, le *relatif* s'accorde
avec le plus *noble*. — Si les deux antécédens sont des
choses inanimées, le *relatif* se met au pluriel *neutre*.

THÈME 74. *Phrases.*

Le soldat qui a remporté la victoire a reçu une
grande récompense de son général. Ma sœur qui a
composé ce livre est aimée de tous ceux qui sa-
vent apprécier le vrai mérite. Vous n'avez pas vu
le monstre horrible qui ravage les campagnes. Le
chapeau et l'habit que j'ai choisis sont du meilleur goût. Le perroquet et la guenon que vous
avez achetés paraissent de bien méchans animaux. Le rat et la belette que j'ai vus ronger mes
petites provisions, se repentiront de leur voracité.
Un maître qui ne châtie jamais ses élèves, est

sans doute un maître bon, mais certainement il n'est pas un bon maître.

~~~~~

Puer *quem* pœnitet. — Mitte *quem* voles. — Deus *quem* amo, etc.

(En général, le relatif se met au même cas où l'on mettrait l'antécédent dont il tient la place : pour le connaître, il n'y a qu'à exprimer cet antécédent au lieu du relatif qui la représente.) — Quand le verbe latin veut à un autre cas que le *nominatif* le nom qui est au *nominatif* en françois, alors le *qui* relatif se met au même cas que le verbe latin demande. — Si le *qui* français peut se tourner par *celui que*, mettez-le au cas que gouverne le verbe *précédent*. — *Que* relatif se met toujours au cas du verbe suivant, et s'il est gouverné par deux verbes qui veulent différens cas, on l'exprime *deux fois*, et on le met au *cas de chaque verbe*.

THÊME 75. *Le Phare d'Alexandrie.*

Le phare d'Alexandrie, que vous ne serez peut-être pas fâchés de connaître, était une tour de marbre, qu'un des rois d'Egypte, nommé Ptolémée, avait fait bâtir (1). L'homme qui gardait cette tour, ou tout autre que vous voudrez, qui avait intérêt de le faire, allumait, vers le soir, un grand feu sur la plate-forme de cet édifice, et la lumière qu'il jetait pendant la nuit, avertissait les vaisseaux qui étaient en mer (2) du danger qui les menaçait, s'ils approchaient des rochers

---

(1) *Avait fait bâtir*, tournez, *avait ordonné être bâtie.*

(2) *Qui étaient en mer*, tournez, *qui tenaient la haute mer*, Altum tenere.
~~~~~

qui défendaient toute la côte, et dont (1) la plupart étaient cachés sous les eaux. Depuis ce temps, les tours que les hommes construisent sur les bords de la mer sont appelées *phares*, du mot *pharos*, nom que portait la tour d'Alexandrie.

<center>~~~~~~</center>

DONT *ou* DE QUI

Deus*cujus* providentiam miramur. — Merces *quâ* dignus es. — Libri *quibus* utor, *et les règles du thème précédent.*

Dont, *de qui*, est toujours gouverné par le mot de la phrase, après lequel on peut mettre par interrogation *de qui? de quoi?* Ce mot est ou un *nom*, ou un *adjectif*, ou un *verbe*.

Quand *dont* est gouverné par un *nom*, il se met au génitif. — Quand il est gouverné par un *adjectif*, il se met au cas que régit cet *adjectif*. — Quand il est gouverné par un *verbe*, il se met au cas du *verbe*.

THÈME 76. *Nécessité de l'histoire.*

L'histoire, qu'il vous importe surtout de lire et d'étudier, est semblable à une mine féconde dont vous ne connaîtrez jamais assez l'étendue et la profondeur. Les connaissances dont elle enrichira votre esprit sont inappréciables. Vous trouverez des livres dont vous pourrez tirer une grande utilité; mais de tous ceux dont il convient de se servir, les livres que les historiens sacrés et profanes, anciens et modernes, ont composés, sont incontestablement les plus néces-

____

(1) *Dont*, tournez *desquels*, quorum

saires (1). Néanmoins je ne voudrais pas vous interdire la lecture des bons auteurs, que tout maître raisonnable doit conseiller et favoriser. La tendre sollicitude dont vous êtes dignes, m'engage à vous donner ces préceptes dont votre jeune âge a besoin.

～～～～

A QUI. — PAR QUI.

Puer *cui* id utile est. — Romulus *à quo* Roma condita fuit. — Is per *quem* veniam impetravi.

A qui se met au cas que demande le *verbe* ou l'*adjectif* auquel il se rapporte. — *Par qui*, suivi d'un verbe *passif*, se met à *l'ablatif* avec à. — *Par qui*, signifiant *par le moyen duquel*, s'exprime par *per* avec l'*accusatif*.

THÊME 77. *Belle réponse du grand Condé.*

Les Espagnols, par qui la ville de Rocroi était assiégée, n'étaient pas plus courageux que les Français à qui il importait de les éloigner de cette ville ; mais ils étaient trois fois plus nombreux. Tous les officiers, à qui il paraissait dangereux de les attaquer, représentaient cette chose au prince de Condé, par qui les fonctions de général étaient alors remplies. L'intrépide Gassion, par qui nos soldats avaient obtenu tant de fois des succès, osa même dire au prince, à qui il était cher

____

(1) Il est élégant de n'exprimer l'antécédent qu'après le qui ou que relatif, et alors on met l'antécédent au même cas que le relatif. *La lettre que vous m'avez écrite m'a été très-agréable:* quas scripsisti litteras, eæ mihi fuerunt jucundissimæ.

Hélas ! que (1) deviendrons-nous, si nous perdons la bataille ? Cela ne me regarde pas, répondit le jeune Condé ; l'Etre-Suprême, par qui les batailles sont gagnées, nous favorisera, ou j'aurai perdu la vie avant la fin du combat.

~~~~

PRONOMS *me*, *te*, *se*, *nous*, *vous* ; *le*, *la*, *les* ; *lui*, *leur*.

Mihi paruit. — *Tibi* promisi librum. — *Hoc* non agam. — Dices *ei*. — Hoc *eis* facile est.

Les pronoms *me*, *te*, *se*, *nous*, *vous*, se mettent au cas que gouverne le *verbe* ou *l'adjectif* auquel ils se rapportent.—*Le*, *la*, *les*, se mettent toujours au *cas du verbe suivant*, et ils s'accordent en *genre* et en *nombre* avec le *nom* auquel ils se rapportent. —Si *le* n'est pas précédé d'un *nom* auquel il se rapporte, on le tourne par *cela*, et on l'exprime par *hoc*, *id*, *illud*. — *Lui*, *leur*, se tournent toujours par *à lui*, *à elle*, *à eux*, et ils sont gouvernés par un *verbe* ou par un *adjectif*.

THÈME 78. *Le lac Achérusie.*

Il me serait agréable de vous dire aujourd'hui quelque chose du lac (2) Achérusie. Si quelqu'un de vous s'ennuie de m'entendre parler, je ne me fâcherai pas contre lui, mais je l'abandonnerai à son ignorance.

Aux environs de Memphis, ville d'Egypte, était un lac nommé Achérusie. Les habitans

---

(1) *Que*, tournez, quelle chose, *quid*. Sous-ent. *negotium*.

(2) Tournez, *touchant le lac Achérusie*.
~~~~

avaient coutume (1) d'embaumer les morts, et
de les enterrer ensuite au-delà de ce lac. D'abord
ils les portaient sur le rivage. Tous ceux qui
avaient quelque chose à reprocher aux défunts
pouvaient les accuser devant des juges à qui le
soin d'examiner leur vie avait été confié. Ceux-ci
la scrutaient soigneusement, et personne ne leur
faisait un crime de leur sévérité.

EN. — Y.

Vidi tuam domum et *illius* pulchritudinem mira-
tus sum. — Res est gravissima, *huic* operam
dabo.

En se tourne par *de lui*, *d'elle*, *d'eux*, *d'elles*, et
il est gouverné ou par un *nom*, ou par un *adjectif*, ou
par un *verbe*. — *Y* se tourne par *à lui*, *à elle*, *à eux*, *à
elles*, et se met au *cas* du *verbe* suivant.

THÈME 79. *Suite du lac Achérusie.*

Après qu'ils en avaient sondé les actions bonnes
ou mauvaises, et qu'ils avaient entendu le bien
et le mal que chacun en disait, ils prononçaient
la sentence, et tous les assistans y souscrivaient
sans appel. Les défunts, qui avaient été recon-
nus vertueux, étaient aussitôt transportés par
leurs parens et leurs amis de l'autre côté du lac.
Mais ceux dont la vie avait été jugée criminelle
étaient traités bien différemment. Ils les jetaient
à la voirie parmi les cadavres des animaux qui

______

(1) *Les habitans avaient coutume*, tournez, *il fut en
coutume aux habitans.*

ont toujours été privés de la sépulture, et qui en sont absolument indignes. Cette coutume des anciens était très-sage. Vous y trouverez l'origine de la fable des enfers, et vous admirerez sans doute les fictions ingénieuses que les poëtes en ont tirées.

SE.

Superbus *se* laudat. — Vox illa *invenitur* apud Phædrum. — Venenum *sese* in venas insinuat. — Petrus et Joannes *se invicem* laudant.

On exprime SE par *sui*, *sibi*, *se*, en le mettant au *cas du verbe*, quand le nominatif est un nom de *chose animée*, qui fait sur elle-même l'action que marque le verbe. —Si le pronom SE a rapport à un nominatif de *chose inanimée*, ou même *animée*, qui ne fasse pas sur elle-même l'action marquée par le verbe, on tourne ce verbe par le passif. — Quand SE a rapport à *deux nominatifs* qui font l'un sur l'autre l'action que marque le verbe, on ajoute l'adverbe *invicem*, à moins qu'il ne soit gouverné par une *préposition*.

THÈME 80. *L'Enfant gourmand.*

Un enfant gourmand s'introduisait en cachette dans l'office, et ne s'interdisait ni les biscuits, ni les confitures. Quoique sa mère ne se lassât pas de le gronder, il ne se corrigeait nullement ; au contraire, il se trouvait toujours où il y avait quelques friandises à dévorer (1). Un jour qu'il se

______

(1) *Des friandises à dévorer*, tournez, *si quelque chose de très-agréable pour être dévoré était quelque part, il était toujours trouvé là. Si* avec le subjonctif.

* D

voyait seul (1), il aperçut une espèce de gâteau plein d'arsenic, que le cuisinier s'était avisé de préparer pour détruire les souris. Une bonne occasion se présente, dit-il en lui-même, c'est à moi d'en profiter. Le poison se glissa bientôt dans ses veines. Son père et sa mère se lamentèrent : ils se reprochèrent leur faiblesse et leur indulgence ; mais il n'était plus temps : la mort s'était emparée de sa proie.

Qui *interrogatif* (2).

Quis vestrûm, ou *ex vobis*, ou *inter vos?* — *Uter* est doctior *tu ne an frater?* — *Quis* te vocavit? — *Quem* vocas?

Le QUI interrogatif s'exprime par *quis, quæ, quod,* ou *quisnam, quænam, quodnam;* et le nom pluriel qui suit, se met au *génitif,* ou à *l'ablatif* avec *è, ex,* ou à *l'accusatif* avec *inter.* — *Qui des deux,* ou *lequel des deux,* s'exprime par *uter, u'ra, utrum,* et les deux *noms* qui suivent se mettent au même cas que *uter.* On met *ne* après le premier, et *an* devant le second. Le *superlatif français* se met au *comparatif* en latin. — *Qui* interrogatif est tantôt le *nominatif,* et tantôt le *régime* du *verbe suivant;* le *nominatif,* quand on peut tourner par *qui est celui qui....,* et le *régime* quand on peut le tourner par *qui est celui que....*

THÈME 81. *Le petit enfant questionneur.*

Qui est cet enfant? Qui vous l'a confié? Qui a donc instruit ce petit perroquet? Qui interroge-

---

(1) *Qu'il se voyait seul,* tournez, *comme il se voyait seul. Quùm* avec le subjonctif.

(2) Le *qui* interrogatif n'a point d'antécédent; on le connaît quand il peut se tourner par *quelle personne?*

t-il de la sorte? Ecoutons-le parler. — Mon ami, qui me donnera cet oiseau vert? Qui enlevera ce nid? Qui appelleras-tu pour abattre ces vieux arbres? Qui me cueillera cette rose jaune? Lequel des deux de toi ou de mon papa est le plus riche? Qui de nous prendra ces poissons rouges? Qui des deux est le plus complaisant de monsieur ou de mon frère? Qui bourdonne à mes oreilles? Qui tuera cette vilaine mouche? Qui a-t-elle piqué aujourd'hui? Qui lui arrachera son dard? — Emmenez vite ce marmot. Qui pourrait supporter son babil? Qui accuserai-je d'avoir engendré ce petit ennuyeux? Qui délivrera des enfans questionneurs?

QUE *interrogatif.*

Quid agis? — *Cui* rei stu les? — *Quid* virtute
pulchrius?

Le QUE interrogatif se tourne par *quelle chose*, et il s'exprime par *quid*, lorsque le verbe suivant gouverne l'accusatif. — Si le *verbe suivant* gouverne un autre cas, il faut exprimer le mot *chose*. — *Quoi* ou *que*, au commencement d'une phrase, se tourne par *quelle chose*, et s'exprime par *quid*.

THÈME 82. *Un maître à son élève.*

Que faisais-tu là, paresseux? Que caches-tu si soigneusement? Quoi de plus affreux que ta nonchalance? Que penseront de toi tes parens? Que sera-ce s'il leur plaît de t'interroger? Que ne diront-ils pas?..... Que marmottes-tu entre tes dents? Ah! je vois : tu me menaces..... insensé ! Que n'étudie pas ton frère ? Que ne lit-il pas ? Que ne fait-il pas pour me satisfaire ? Et toi que n'imagines-tu pas pour me tourmenter ? Quoi de plus aimable que sa conduite ? Quoi de plus détestable que la tienne ? Hélas ! que deviendras-tu un jour ? Que ne me reprocheras-tu pas à moi - même ? Cependant que n'ai - je pas fait jusqu'ici pour t'exciter au travail ?

QUEL, QUELLE.

Quæ ou *quænam* mater liberos suos non amat? — *Quota* hora est ?— *Quanta* nobis instat pernicies ?

Quel, quelle, s'expriment aussi par *quis, quæ, quod,* ou *quisnam, quænam, quodnam,* et s'accordent avec le *nom* suivant en *genre,* en *nombre* et en cas. (Suivi d'un nom de *chose, quel* s'exprime mieux par *quid* avec le *génitif.*)—*Quel, quelle,* signifiant *quantième,* s'expriment par *quotus, quota, quotum,* et l'on répond par le nombre *ordinal.* — *Quel, quelle,* quand on peut ajouter le mot *grand,* s'expriment par *quantus, quanta, quantum.*

THÈME 83. *La ferme incendiée.*

QUEL ravage fait déjà ce violent incendie ? Quel scélérat a pu l'allumer ? Quel châtiment le menace, s'il est découvert ! Hélas ! quel avantage y a-t-il à être si méchant (1) ? Quelle femme aperçois-je derrière ces barreaux ? Quels cris ! quels hurlemens ! quel homme lui porte du se-

---

(1) Quel avantage y a-t-il à être si méchant, *tournez,* quel avantage a une si grande méchanceté ? *Tanta improbitas.*

cours ? Quelle heure est-il ? Dix heures. Les pompiers n'arrivent pas. Quelle douleur est la mienne ! Quelle partie du toit s'est déjà écroulée ? Quelle sera la perte du fermier ! Quelle misère lui est réservée ! Quel mortel aura pitié de son sort ?

Quis te redemit ? *Jesus-Christus.*

La *réponse* se met ordinairement au même cas que la *demande.* Cependant avec les *impersonnels*, *est*, *refert*, *interest*, la réponse, quand elle se fait par un pronom, se met à un autre *cas.*

T H È M E 8{. *Questions mythologiques.*

QUEL est le plus ancien des dieux ? Uranus ou le Ciel. Quelle femme les anciens donnent-ils à Uranus ? La Terre. Quels fils eurent-ils ? Titan et Saturne. A qui Titan céda-t-il l'empire ? à Saturne son frère. Que dévorait Saturne ? Ses enfans. A qui importait-il de les lui cacher ? A son épouse. Quels enfans déroba-t-elle à sa fureur ? Jupiter, Neptune et Pluton. Par qui Saturne fut-il détrôné ? Par Jupiter. Qui eut pitié de Saturne chassé du ciel ? Janus. Quel était Janus ? Un roi du Latium. Comment appelez-vous l'époque du séjour de Saturne chez Janus ? L'âge d'or. A qui appartenait-il de célébrer l'âge d'or ? Aux poëtes.

Nùm dormis? — *Nonne* vidisti regem ? — *Abeat* proditor. — *Ne* insultes miseris. — *Ne* dicat.

Quand on interroge sans *négation*, on met en latin *an* ou *nùm* devant le premier mot, ou *ne* après, et la réponse se fait par le *verbe de l'interrogation*. (*Nùm* s'emploie quand la réponse doit être *négative*.) Si l'interrogation se fait par deux négations, *ne je pas, ne tu pas*, etc., on met *an* ou *nonne* devant le premier mot. — Quand on commande, le *verbe* se met à *l'impératif;* mais s'il est à la *troisième* personne, on emploie la *troisième* personne du présent du subjonctif.—Quand on défend, on met *ne* avec le *subjonctif* ou *l'impératif ;* ou bien l'on se sert de *noli* pour le singulier, et de *nolite* pour le pluriel, avec l'infinitif. — Si le verbe est à la troisième personne, on se sert toujours de *ne* avec le *subjonctif* (1).

THÈME 85. *Héraclite et Démocrite.*

Savez-vous quelque chose d'Héraclite et de Démocrite ? Non. Désirez-vous connaître ces deux philosophes? Oui. N'avez-vous pas vu des gens rire toujours , et d'autres pleurer sans cesse? Quelquefois. Tels furent Héraclite et Démocrite. —Est-ce que vos philosophes étaient fous?—Non certainement. — Ne me cachez donc pas la cause d'une conduite si bizarre. — O hommes, disait Héraclite, d'un ton lamentable, jouissez enfin de la vie ; ne vous tourmentez pas ainsi nuit et jour ; ne formez pas de si vastes projets. Croyez-vous donc être immortels ? — Allons , courage !

----

(1) Si l'interrogation tient lieu de *lorsque*, on l'exprime par *quùm*. Avait-il soupé , il s'en allait, *tournez*, lorsqu'il avait soupé, il s'en allait. *Quùm cœnaverat, abibat.*

s'écriait Démocrite, en éclatant de rire : Bâtissez de superbes palais, et entreprenez de longs voyages ; amassez des trésors immenses ; que vos neveux jouissent à leur aise du fruit de vos travaux ; qu'ils ne vous accusent pas de négligence. — Ne m'en dites pas davantage : Héraclite et Démocrite étaient plus sages que je ne pensais.

SYNTAXE DES PARTICIPES.

Gallus escam *quærens* margaritam reperit.
— Urbem *captam* hostis diripuit.

Le participe qui se rapporte au *nominatif* du verbe, s'accorde avec ce *nominatif* en *genre*, en *nombre* et en *cas*. — Le *participe* qui se rapporte au *régime* du verbe, s'accorde avec ce *régime* en *genre*, en *nombre* et en *cas*.
Le *participe* se rapporte ordinairement au *régime* du verbe, quand ce *régime* est un des pronoms *le*, *la*, *les*, *lui*, *leur*.)

THÊME 86. *L'Amour conjugal.*

Un empereur d'Allemagne, assiégeant une ville dont le nom m'est échappé, en réduisit les malheureux habitans à la dernière extrémité. Ceux-ci, forcés de se rendre (1), implorèrent la clémence du vainqueur ; mais lui, indigné de leur vigoureuse résistance, ne voulait épargner personne. Enfin, ébranlé par leurs prières, il permit aux femmes seules de se retirer la vie sauve, emportant avec elles ce qu'elles auraient de plus précieux. Celles-ci ayant chargé sur leurs

---

(1) Tournez, *forcés à la reddition.*

épaules leurs enfans et leurs maris, essayèrent de les dérober à sa cruauté. ·L'empereur devant entrer dans la ville qui allait être saccagée (1), se tenait aux portes avec son armée. Emerveillé d'un spectacle si nouveau, il ne voulut pas manquer à sa promesse, et les citoyens devant être passés au fil de l'épée, il aima mieux leur pardonner que d'en tirer vengeance.

<p style="text-align:center">~~~~~</p>

ABLATIF ABSOLU.

Partibus factis, sic locutus est leo.

Quand le *participe* ne se rapporte ni au *nominatif*, ni au *régime* du *verbe*, on met à *l'ablatif* ce *participe* et le *nom* auquel il est joint, en les faisant accorder en *genre* et en *nombre*.

THÈME 87. *Pyrrhus et Cinéas.*

PYRRHUS, roi d'Epire, étant passé en Italie (2) avec une armée, les Romains se défendirent courageusement. Néanmoins, la fortune le favorisant, ce monarque ambitieux forma des projets plus vastes, et parla en ces termes à Cinéas, un de ses courtisans : Les Romains étant vaincus, j'attaquerai les peuples de la Grèce. — La Grèce étant soumise, répondit Cinéas, que ferez-vous ensuite? — Cette affaire importante terminée, j'ai envie d'aller en Afrique. — Les nations d'Afrique une fois mises sous le joug, quelle nouvelle entreprise méditerez-vous? — La

____

(1) Tournez, *qui étant devant être saccagée.*
(2) En Italie, *in* avec l'accusatif.

Sicile n'étant pas bien éloignée , il sera facile de s'en emparer. — Et la Sicile étant domptée , où (1) irons-nous ensuite? — Alors, mon cher Cinéas , l'univers étant pacifié , nous retournerons en Grèce , et nous nous livrerons au repos. — Pourquoi n'en jouirions-nous pas dès à présent , répartit Cinéas?

SYNTAXE DES PRÉPOSITIONS.

Trente prépositions latines gouvernent *l'accusatif*, et *quinze* gouvernent *l'ablatif.*

Vas *ex auro.* — Velum longum *tres ulnas* , ou *tribus ulnis.* — *Duobus digitis* major me non es. — Cecidit *decimo* abhinc *passu* , ou *ad decimum* abhinc *passum.*

Le *nom* qui exprime la matière dont une chose est faite se met à *l'ablatif* avec *è* ou *ex.* (2) — Le *nom* qui marque la mesure ou la distance , se met à *l'accusatif* ou à *l'ablatif* sans préposition. — S'il est précédé d'un *comparatif*, il se met toujours à *l'ablatif.* — Le *lieu précis* où une chose est arrivée , se met à *l'ablatif* sans préposition , ou à *l'accusatif* avec *ad* , et alors on se sert du nombre ordinal *primus , secundus , tertius* , etc.

THÈME 88. *Petite promenade au jardin des Tuileries.*

Mon cousin , qui ne connaissait pas la ville de Paris , a voulu visiter aujourd'hui le jardin des

___

(1) Où , *quò.*

(2) On pourrait aussi du nom de matière faire un *adjectif* qui s'accorde avec le *nom.* Un vase d'or , *vas aureum;* une statue d'airain , *signum æneum.*

Tuileries. La belle grille de fer, longue de plus de deux mille pieds, a d'abord excité son admiration. Les nombreuses statues de marbre et de bronze lui ont fait aussi beaucoup de plaisir. Il était éloigné de vingt pas des orangers, lorsqu'il a vu des jeunes-gens pas plus grands que lui de trois doigts, se promener fièrement, la tête couverte de chapeaux hauts d'un pied, et dont les bords avaient un pied et demi de circonférence, tandis que (1) leurs habits, d'un drap très-fin, étaient encore plus courts d'un doigt que sa canne de jonc, longue de deux pieds environ. A quinze pas de là, il a remarqué deux femmes dont la première avait un voile de superbe dentelle, long de trois aunes, et large de deux ; la seconde portait un peigne d'or enrichi de diamans.

<div align="center">~~~~~</div>

NOMS DE L'INSTRUMENT, DE LA CAUSE, DE LA
MANIÈRE, DE LA PARTIE, etc.

Ferire *gladio*. — *Fame* interiit. —Vincis *formâ*, vincis *magnitudine*. — Teneo lupum *auribus*. — Hic liber constat *viginti assibus*.

Le nom de *l'instrument* dont on se sert pour faire quelque chose, la *cause* pourquoi elle se fait, la *manière* dont elle se fait, et le nom de la *partie* se mettent à *l'ablatif* sans préposition. — Le nom qui marque le *prix*, la *valeur* de quelque chose, se met également à *l'ablatif*, sans préposition.

THÈME 89. *Suite de la petite promenade aux Tuileries.*

CES deux femmes l'emportaient en beauté et

---

(1) Tandis que, *dùm* avec le subjonctif.

en parure sur toutes les autres dames du jardin.
Elles tenaient un petit enfant par la main, et
paraissaient très-orgueilleuses. Mon cousin fut
curieux d'évaluer leurs ajustemens. Le voile de
l'une, se dit-il à lui-même, a pu coûter douze
cents francs, la robe quatre cents, les autres
colifichets deux mille ; le peigne. le collier et les
bagues de sa compagne six mille, son schall et
tout le reste trois mille. Total, douze mille six
cents francs Et tant (1) de malheureux meurent
de faim, s'écria t-il alors à voix haute, tant de
gens se frappent tous les jours de l'épée, du
pistolet, ou de quelque autre instrument de
mort, pour (2) se soustraire à la misère qui les
accable, et tant .... Il en aurait dit bien davantage ; mais un des gardiens, l'ayant tiré tout
doucement par le bras, l'avertit (3) d'aller philosopher ailleurs.

NOMS DE TEMPS.

Veniet *die dominicâ*. — Regnavit *tres annos* ou
tribus annis.

Si l'on veut marquer quand une chose s'est faite ou se
fera, *quandò*, le *nom de temps* se met à *l'ablatif* sans
préposition, et l'on se sert du nombre *ordinal*. — Quand
on veut marquer combien de temps une chose a duré ou
durera, *quamdiù*, le *nom de temps* se met à *l'accusatif*
ou à *l'ablatif* sans préposition, et l'on se sert du *nombre
cardinal.*

THÈME 90. *Le Malade.*

Mon frère est tombé malade hier, vingt-quatre

---

(1) Tant, *tot.*
(2) Pour se soustraire, *ut* avec le subjonctif.
(3) L'avertir d'aller, *tournez*, qu'il allât, *ut iret.*

août , mil huit cent dix-neuf, à sept heures du matin , et le médecin n'est arrivé qu'à (1) trois heures et demie du soir. Il a ordonné une potion que mon frère a prise à six heures , et une autre qu'il prendra aujourd'hui à onze heures. Sa fièvre a duré trois heures environ , et il en a dormi quatre assez tranquillement. Il avait déjà fait une maladie le mois dernier, mais elle n'avait duré que cinq jours. Celle-ci ne durera pas sans doute plus long-temps , et la semaine prochaine il pourra peut-être sortir avec nous. L'homme qui le soigne a étudié six ans la médecine, et il avait exercé son art quinze ou seize ans avant que nous nous servissions de lui.

Tertium annum regnat. — *Tribus abhinc annis* ou *tres abhinc annos* mortuus est. — Id fecit *intrà tres dies*. — *Post tres dies* proficiscar.

Quand on veut marquer depuis quel temps une chose se fait, *à quo tempore*, le nom de temps se met à *l'accusatif*, et l'on se sert du nombre *ordinal* ou *cardinal*.—Si le temps est passé, et qu'il ne dure plus, on met le nom de temps à *l'accusatif* ou à *l'ablatif* avec *abhinc*, et l'on se sert du *nombre cardinal*. — Quand on veut marquer en quel espace de temps une chose se fait ou se fera, *quanto tempore*, le nom de temps se met à *l'accusatif* avec *intrà*.—*Dans*, suivi d'un nom de temps, s'exprime par *post* avec *l'accusatif*, quand il peut se tourner par *après*.

THÊME 91. *Les Bâtimens.*

Il y avait quatre ans que mon oncle avait hérité de son père , qui était mort depuis cinq

---

(1) Qu'à trois heures, *tournez*, est arrivé seulement à trois heures.

ans, lorsqu'il a fait construire cette petite maison. L'architecte l'a terminée en six mois, et il y a environ deux ans que ce brave homme est mort. Il y avait bien des années qu'il était lié avec mon père, par l'ordre duquel il a construit la tour haute de cinq cents pieds, qui est un des principaux ornemens de notre ville. Cet ouvrage admirable fut achevé en cinq ans et trois mois. Il y a trois ans que je ne l'ai vu, et je partirai dans huit jours pour le visiter. Il y a déjà deux ans que mes parens m'invitent à passer chez eux quelques jours ; ils ne diront certainement pas que je leur suis importun (1).

NOMS DE LIEU.
QUESTION *Ubi.*
Complément de STATION.

Sum in Galliâ. — Natus est *Avenione.* — Habitat *Lugduni.* — Cœnabam *apud patrem.*

Quand on marque le *lieu où l'on est,* où *l'on fait quelque chose,* c'est la question *ubi.*

A la question *ubi,* le nom *de lieu* se met à *l'ablatif* avec *in.* — On sous-entend la *préposition,* quand c'est un *nom propre de ville.* Si le *nom propre de ville* est au *singulier* et de la *première* ou *seconde* déclinaison, on le met au *génitif,* parce qu'on sous-entend *in urbe.* (Les noms *domus, humus* se mettent aussi au *génitif.*) On dit encore *militiæ, belli,* en temps de guerre, sous-entendu *tempore.* — Le nom de la personne se met à *l'accusatif* avec *apud.*

THÉME 9². *Le Jardinier.*

J'AI quelquefois du plaisir à questionner le

---

(1) Que je leur suis importun, *tournez,* moi être importun à eux.

jardinier de mon oncle, dans le jardin duquel je me promenais tout à l'heure. Antoine, lui ai-je dit, pose à terre les arrosoirs, et causons ensemble n moment. Depuis quand demeures-tu à Lizieux ? — Il y a cinq ans que je suis dans cette ville, et quatre ans que je travaille chez votre oncle. — Tu es né en France ? — Oui monsieur, à Dijon ; j'y suis resté dix-sept ans, et comme nous étions en temps de guerre, j'ai quitté la France pour (1) me soustraire à la conscription. J'étais à Munich, en Bavière, lorsque mon père mourut. Je suis venu recueillir mon petit héritage ; peu de temps après je me mariai à Lizieux, et depuis cette époque le bonheur semble fixé au logis.

<hr>

QUESTION *Quò*.

Complément de TENDANCE.

La question *quò* se connaît, lorsque le verbe signifie *mouvement* pour aller, venir en quelque lieu, partir pour quelque lieu.

Eo *in Galliam*. — Ibo *Lutetiam*. — Eo *ad patrem, ad sacram concionem.*

A la question *quò*, le nom du lieu *où l'on va*... se met à l'accusatif avec *in*, quand on *entre* dans le lieu, et *ad* quand on ne *va qu'auprès*.—On sous-entend la *préposition*, quand c'est un nom propre de ville, et devant *rus, domum*. (Si l'on se sert du verbe *petere* pour exprimer *aller*, on met toujours le nom du lieu à *l'accusatif* sans préposition : je vais au collége, *peto collegium*.) — Le *nom* de la *personne*, et celui de la *chose*, se mettent à l'accusatif avec *ad*.

THÉME 93. *Suite du Jardinier.*

ANTOINE, je n'approuve pas ta conduite : il

____

(1) Pour me soustraire, *tournez*, afin que je ne donnasse pas mon nom pour la guerre, *ut* avec le subjonctif.

eût été plus glorieux pour toi de prendre les
armes pour défendre la patrie, que de fuir en
Allemagne ; mais cela te regarde ; poursuivons.
Lorsque tu quittas la maison paternelle, où allas-
tu d'abord ? — J'allai à Besançon, ville célèbre
par sa citadelle ; ensuite je me rendis à Bâle, qui
est la première ville de la Suisse, sur les fron-
tières de la France. J'y séjournai environ quinze
jours, pendant lesquels j'allai de temps à autre
à la campagne, chez un des amis de mon père,
qui me conduisit plusieurs fois au spectacle. Ayant
quitté Bâle, je ne tardai pas à arriver au lac de
Constance, entre la Suisse et l'Allemagne. Quelques jours après j'entrai dans Kempten, où je
trouvai un voiturier qui me transporta à Munich, chez le jardinier du palais, de qui j'étais
attendu depuis dix jours.

<hr>

Question *Undè*.

Complément de DÉPART.

La question *undè* se connaît, lorsque le verbe signifie
mouvement pour partir, ou venir de quelque lieu.

Redeo *ex Galliá*. — Redeo *Lugduno*. — Venio
à patre.

A la question *undè*, le *nom* du *lieu* d'où *l'on part*, d'où
l'on vient, se met à *l'ablatif* avec è ou *ex*. — On sous en-
tend la *préposition*, quand c'est un *nom propre de ville*,
et devant *rure*, *domo*. — Le *nom* de la *personne* et *celui*
de la *chose*, se mettent à *l'ablatif* avec à ou *ab*.

THÈME 94. *Suite du Jardinier.*

FORT bien, Antoine ; et tu ne t'es pas ennuyé
en Bavière ? Nullement, monsieur ; je liai ami-

tié avec un jeune homme de la Moldavie qui m'amusait beaucoup par ses récits. A Vienne, il avait vu l'empereur revenir d'une promenade sur les bords du Danube, et il lui avait offert des pêches, apportées de chez un maître qu'il servait dans cette ville. Le monarque ayant tiré plusieurs pièces d'or de sa poche, les lui avait données de sa propre main. Une autre fois, il avait rencontré un homme de la Bohême, nouvellement débarqué de la campagne, et qui sortait de la maison d'un des plus riches de la ville. Cet homme lui avait fait accroire mille mensonges. Un de nos compagnons, qui venait de Hambourg..... Antoine, tu me conteras tout cela un autre jour : mais à présent dis-moi quelque chose de ton retour.

<hr>

QUESTION *Quà.*

Complément de PASSAGE.

Quand on marque le lieu *par où l'on passe,* c'est la question *quà.*

Iter feci *per Galliam.* — Iter faciam *per domum* avunculi mei. —Constiterunt *Corinthi, in loco* nobili. — Eo *Romam, in urbem* Italiæ. — Redeo *Lugduno, ex urbe* Galliæ. — Habitat *in urbe Lugduno.* — *In domo* Cæsaris, *in rure* amœno.

A la question *quà,* tous les *noms* des lieux *par où l'on passe,* se mettent à *l'accusatif* avec *per.*(—Avec *transire,* on met *l'accusatif* sans *préposition.*) — *Par chez,* avec un *nom de personne,* se tourne *par la maison de,* et se dit, en latin, *per domum.* REMARQUE. Quand après un *nom propre de ville*, se trouve le nom commun, *ville, endroit*, on met d'abord le *nom propre* au *cas* marqué dans chaque *question*, mais on exprime la *préposition* devant le *nom commun.*—Si le mot *ville* est devant le *nom propre*, il faut exprimer la *préposition*, et mettre le nom propre au *cas* de la *préposition.*— *Domus* et *rus* suivis d'un *génitif* ou d'un *adjectif*, prennent la préposition.

THÉME 95. *Suite du Jardinier.*

AVEC plaisir, monsieur. Étant sorti de Munich, ville remarquable par le palais du roi, qui est magnifique, je passai par Ulm, ville de Souabe, sur les bords du Danube. De là je vins à Rastadt, château près de Bade, où la paix fut signée entre la France et l'Allemagne par le prince Eugène et le maréchal de Villars, l'an 1714. Je m'arrêtai quelque temps à Strasbourg, lieu célèbre par sa cathédrale, dont la tour est une des plus hautes de toutes celles (1) de la France. Ayant quitté cette capitale de l'ancienne Alsace, j'allai voir un de mes parens qui demeure dans la ville de Colmar. Je traversai seulement Vesoul, chef-lieu du département de la Haute-Saône, après quoi je passai par chez un de mes amis, qui habite un petit village, au milieu d'une vallée délicieuse ; et après vingt jours de marche, j'arrivai à Dijon, d'où j'étais parti trois ans auparavant.

---

(1) De toutes celles, *tournez*, de toutes les tours.

THÈMES. — HUIT. *Elèves.*   E

ADVERBES DE LIEU.

Nota. Consulter le tableau dans la grammaire de Lhomond.

THÈME 96. *Suite du Jardinier.*

Antoine, je suis satisfait; mais nous devrions nous tenir ailleurs : le soleil est très-ardent là où tu es; moi-même je ne puis plus le supporter ici où je suis , et en quelque lieu que nous allions, par quelque endroit que nous passions, il ne nous incommodera pas davantage. Nulle part je n'ai éprouvé une chaleur aussi forte. — Ceux qui restent au dedans peuvent encore s'en défendre ; mais nous, pauvres ouvriers , en été comme en hiver , nous devons toujours aller au dehors. — Pourquoi ne passerions-nous point par là , par le même endroit d'où tu sortais tout-à-l'heure ? D'ici où je suis, j'aperçois un ombrage charmant où le soleil ne saurait pénétrer, de quelque endroit qu'il darde ses rayons. Viens avec moi , Antoine; et si nous ne sommes pas bien là (1) , nous irons ailleurs. — Permettez (2) que je vide ici mes arrosoirs, et je vous rejoindrai , quelque part que vous alliez.

THÈME 97. *Fin du Jardinier.*

Eh bien ! Antoine , reprenons le fil de notre

---

(1) Si nous ne sommes pas , *en latin* , *si* avec le futur. *Voy.* le thème 100.

(2) Permettez que , *en latin* , *sinc ut* avec le subjonctif.

conversation. — Mes affaires étant terminées , je ne jugeai pas à propos de rester à Dijon. J'étais curieux de voir Paris dont j'entendais parler depuis long-temps, quelque part que je fusse. Je vins d'abord à Semur , puis passant par Auxerre , Joigny , Sens et Melun, j'arrivai enfin dans cette ville immense, qui me parut encore plus belle que je ne croyais. J'y rencontrai **un** de mes compatriotes qui venait de Lyon, et qui allait à Lizieux. Il m'engagea à le suivre. Nous vînmes ensemble à Mantes, et de là à Evreux. Je désirais beaucoup passer par Rouen , cette antique capitale de la Normandie, si célèbre par son commerce ; mais il ne voulut pas y consentir. Nous continuâmes donc notre route, et nous arrivâmes enfin dans cette ville, d'où je ne suis pas sorti depuis ce temps-là. — Mon oncle , qui revenait de la chasse, entra dans le jardin. Ayant entendu sa voix, je me séparai à regret de ce bon jardinier, à qui je donnai six francs, pour le récompenser de sa complaisance.

SYNTAXE DES ADVERBES.

Parùm *vini*. — Ubi *terrarum*. — Pridiè *calendarum*. — En , ecce *lupus*, etc.

Les adverbes de quantité, *parùm, multùm, plùs, minùs, satis, nimis*, etc. gouvernent le *génitif*. — Les *adverbes* de temps et de lieu, *ubi, nusquàm*, etc., gouvernent le *génitif*. — *Pridiè*, *postridiè* veulent le *génitif* ou *l'accusatif*. — *En*, *ecce*, voici, voilà, veulent après eux le *nominatif* ou *l'accusatif*.—*Ergo* employé pour *causâ*, veut le *génitif*, et se met après son *régime*. — *Instar*, comme, veut le *génitif*, et se met après son *régime*.—*Obviàm*, au devant, veut le *datif*.

THÈME 98. *Aux jeunes-gens.*

LES jeunes-gens, qui ont ordinairement moins de prudence que de présomption, se promettent toujours assez d'années, et nulle part ils ne songent à la mort, qui, comme le voleur guettant sa proie, va sans cesse au-devant d'eux, et leur tend, hélas! trop de piéges. Pour l'amour d'eux, donnons-leur quelques conseils (1). Insensés! en quel lieu du monde pourrez-vous dire: Voici un pays où la jeunesse ne craint pas la mort? Le lendemain de leur naissance, la plupart des enfans sont moissonnés par elle, et ceux à qui elle paraît accorder plus de jours, ne sont pas moins exposés à ses coups (2). La cruelle a plus de forces que vous ne pensez; elle ne croit jamais immoler assez de victimes. Cependant elle épargne davantage ceux qui ont beaucoup de sobriété et de modération. Buvez donc peu de vin, ne désirez pas trop de mets, domptez vos passions, voilà le seul moyen de vivre long-temps sur la terre.

---

(1) Quelques, *aliquot.*

2) A ses coups, *tournez*, aux coups d'elle.

SYNTAXE DES CONJONCTIONS.

Quùm Athenæ *florerent*. — Quùm id *velis*. — Dùm canis *ferret* carnem. — Clitellas dùm *portem* meas.

Parmi les *conjonctions*, les unes gouvernent le *subjonctif*, les autres gouvernent *l'indicatif*.

Quùm signifiant *lorsque*, ne veut le *subjonctif* que devant *l'imparfait*. — *Quùm* signifiant *puisque, vu que, comme*, régit toujours le *subjonctif*. — *Dùm* signifiant *tandis que*, ne veut le *subjonctif* que devant *l'imparfait*. — *Dùm* signifiant *pourvu que, jusqu'à ce que*, veut toujours le *subjonctif*.

THÈME 99. *Sur la mort de Caton.*

Les anciens se trompaient étrangement, lorsqu'ils vantaient la mort de Caton comme un prodige de courage. Puisque notre âme est placée dans notre corps, comme dans un poste où elle doit rester jusqu'à ce que la Divinité lui ordonne d'en sortir, il n'était pas permis à ce Romain de quitter la vie, surtout lorsque sa patrie avait le plus grand besoin de lui. La mort ne l'effrayait pas, pourvu qu'il ne vît point César opprimer ses concitoyens. Mais, lorsqu'il se frappa de l'épée, Caton ne fut qu'un déserteur (1) orgueilleux, qui tournait le dos à l'ennemi, tandis qu'il était plus courageux de l'attendre de pied ferme, et de lui résister.

---

(1) Ne fut qu'un déserteur, *tournez*, fut rien autre chose que, ou fut seulement.

~~~~~

Id si *faceres*. — Si *veneris*, pergratum mihi *feceris*. — Luce ut *quiescam*. — Ut *aiunt*. — Ut ab urbe *discessit*.

Si régit le *subjonctif* devant l'*imparfait* et le *plus-que-parfait*. — Quand après *si*, il y a un second verbe au *futur*, on met bien le premier verbe au *même futur*. — *Ut* signifiant *afin que*, *pour*, gouverne toujours le *subjonctif*. — *Ut* signifiant *comme*, *de même que*, veut l'*indicatif*. — *Ut* signifiant *aussitôt que*, *dès que*, veut l'*indicatif*.

THÈME 100. *L'auteur aux élèves.*

JEUNES-GENS, les règles de la syntaxe sont des guides sûrs, qui ne vous manqueront jamais, si vous ne vous lassez pas de les consulter. De même qu'une mère prudente tient d'abord son petit enfant par la lisière, et l'abandonne ensuite peu à peu à lui-même, dès qu'elle le voit marcher d'un pas plus assuré, je me suis efforcé, au commencement de la carrière, d'éloigner les difficultés qui auraient pu vous rebuter dans la pratique de ces règles; mais insensiblement, comme l'ont toujours fait les maîtres sensés, j'ai placé à dessein quelques obstacles devant vous, pour vous accoutumer de bonne heure à les surmonter. Si mon livre peut vous être utile, je me croirai suffisamment récompensé de mes travaux (1); mais si vous n'en retiriez aucun fruit, je me repentirais long-temps de l'avoir composé.

---

(1) *Tournez*, je croirai avoir reçu une grande récompense de.
~~~~~

RÉCAPITULATION.

THÈME 101. *L'Ecolier et le Ver à soie.*

Un de ces écoliers très-paresseux , qui ne peuvent souffrir le travail ni les livres, menait une vie fort triste. Le collége où il habitait lui paraissait une véritable prison , et lorsqu'il aurait dû rendre grâce à ses parens, il les accusait d'injustice et d'inhumanité. Ce petit garnement avait un ver à soie, ses seules délices et son seul amusement. Un jour, comme il le voyait filer sa coque : J'admire ta folie, dit-il ; pourquoi t'enfermes-tu toi-même de la sorte ? quel plaisir y a-t il dans une prison ? Si tu y avais déjà langui deux ans comme moi, tu ne serais pas l'artisan de ton propre malheur. Le ver à soie lui répondit avec sagesse : A la vérité , je construis sans cesse les murs de ma prison ; mais bientôt je recevrai la récompense de mon travail et de ma solitude. Je ne serai plus un vil insecte , forcé à ramper ; mais, changé en un beau papillon, je m'éleverai au plus haut des airs.

Jeunes-gens , vous comprendrez facilement le sens de cette fable. Le travail n'est jamais sans récompense ; mais un enfant qui passe dans la paresse les premières années de sa vie , sera toujours le dernier des hommes.

THÈME 102.

Sur les différens caractères des enfans.

LE caractère vif brille comme le feu, qui s'enflamme aussitôt qu'il est attaché à une matière combustible. Si vous ne modérez son ardeur, bientôt il se consume, et l'état perd un citoyen utile. La nonchalance croupit dans une honteuse oisiveté ; il faut la presser de l'aiguillon. Un caractère lent veut être attendu : il avance tout doucement à la vérité ; mais du moins il ne se ralentit jamais, et personne n'ignore ce que peut un travail opiniâtre. Vous trouverez des jeunes-gens plus légers que le papillon, qui voltige sans cesse de fleur en fleur, et ne se repose jamais assez long-temps sur chacune, pour qu'il puisse en exprimer le suc. Ceux-ci ressemblent au vif argent, dont la mobilité doit être fixée, de sorte que rien ne s'évapore de sa vertu.

THÈME 103. *Suite.*

IL appartient à un maître habile de captiver leur attention ; et alors ils paraîtront faire de bon gré ce qu'ils ne font réellement qu'à contre cœur. Quelques-uns regardent le bien et le mal avec indifférence ; ils s'inquiètent peu des éloges et des punitions. Voilà cette terre froide, odieuse aux laboureurs, et qui exerce si long-temps la vigueur de leurs bras. Que dirai-je de cette gaîté pétulante, dont la gravité même de Caton ne saurait modérer les excès ? Que dirai-je aussi de cet air sombre auprès duquel le rire n'oserait jamais aborder ? Les contraires, comme on dit, sont guéris par les contraires. Faites-sortir ceux-ci de leur engourdissement, et réprimez la vivacité des autres.

THÈME 104. *Suite.*

Il ne manque pas non plus de ces esprits précoces, qui ne sont pas plus durables que les fruits dont ils tirent leur nom. Ils ressemblent à ces parfums délicats dont l'odeur fine s'évapore, aussitôt qu'elle est sentie. La vanité des parens est la seule cause de ce mal. Insensés! ils veulent recueillir des fruits avant la saison des fleurs. Pour se glorifier d'avoir mis au monde un prodige, ils fatiguent une victime innocente par une application continuelle ; ils l'écrasent même sous le poids du travail. Or, qu'arrive-t-il de là ? Le corps ne peut soutenir l'activité des opérations de l'esprit. Quelle lumière jetteront dans leur midi ces soleils si brillans dans leur aurore ? Aucune.

FIN DES THÈMES.

* E

DICTIONNAIRE

DE TOUS LES MOTS FRANÇAIS

CONTENUS

DANS LE COURS DE THÈMES.

Abréviations employées dans le dictionnaire suivant.

— tient lieu du mot qui fait le sujet de l'article.

(*q. q.* , *q. ch.*) signifient *quelqu'un*, *quelque chose* , et indiquent le régime ou complément direct du verbe

(*à*) (*de*) seuls ou suivis de (*q. q.*) ou de (*q. ch.*) indiquent le régime ou complément indirect du verbe.

(*d. t. g.* signifient *de tout genre.*

nom. nominatif. *g.* génitif. *dat.* datif. *acc.* accusatif. *abl.* ablatif. *inf.* infinitif. *m.* masculin. *f.* féminin. *dép.* déponent. *n.* neutre. *adv.* adverbe. *prép.* préposition. *conj.* conjonction. *int.* interjection. *ind.* indéclinable. *comp.* composé. *pl.* pluriel. *monop.* monopersonnel.

A.

A. Voyez la gram. , régime indir. des verbes ; quest. ubi, quò ; *prép.* à. e , ex , *abl.*

Abandonner, deser-ere, o, is, u-i, t-um. *acc.* ; relinqu-ere, o, is, reliqui, relict-um. *acc.* ; derelinqu-ere. *comp. acc.* — (*à*), permi-ttere, tto, ttis, s-i, ss-um. *dat.*

Abattre, dejic-ere, io, is, dejec-i, deject-um. *acc.*

Abattu (*être*), confic-i, ior, eris, confect-us sum. *dép. abl.*

Abondant, uber, (*d. t. g.*) g. ris.

Abord (*d'*), primò ; primùm. *adv.*

Aborder (*à*), appell-ere, o, is, appul-i, appuls-um. ad, *acc.*

Absence, *f.* absenti-a , æ. *f.*

Absenter (s'), ab-esse, sum, es, fu-i. *n.* — (*de*), *abl.* avec *à* ou *ab*.

Absolument, prorsùs. *adv.*

Absoudre, absolv-ere, o, is, i, absolut-um. *acc.* — (*de q. ch.*) *gén.* ou *abl.*

Accabler, prem-ere, o, is, press-i, press-um. *acc.* — (*écraser*), obru-ere, o, is, i, t-um. *acc.*

Accompagner, comit-ari, or, aris, at-us sum. *dép. acc.*

Accorder, conced-ere, o, is, concess-i, concess-um, *acc.*

Accoutumé, assuet-us, a, um, *g. i.* — à. *dat.*

Accoutumer, assuefac-ere, io, is, assuefec-i, act-um. *acc.* (*à q.q.*) *dat.* ou *acc.* avec ad.

Accroire (faire) mille mensonges, mille centones farc-ire, io, is, fars-i, fart-um. (*à q. q.*) *dat.*

Accusation, *f.* crim-en, inis. *n.*

Accuser, insimul-are, o, as, av-i, at-um ; accus-are, o, as, avi, at-um, (*q. q.*) *acc.* (*de q. ch.*), *g.* ou *abl.* — *de et l'inf.* argu-ere, o, is, i, t-um. *inf.*

Acharné, infest-us, a, um. *g. i.*

Achérusie, *f.* Acherusi-a, æ. *f.*

Acheter, em-ere, o, is, i, empt-um. *acc.*

Achever, perfic-ere, io, is, perfec-i, t-um. *acc.* ; ad finem perduc-ere, o, is, perdux — i, perduct-um. *acc.*

Acquérir, acquir-ere, o, is, acquisi-v-i, t-um. *acc.* ; adipisc-i, or, eris, adept-us sum. *dép. acc.* ; consequ-i, or, eris, consecut-us sum. *dép. acc.*

Acteur, *m.* actor, is. *m.*

Actif, ac-er, ris, e. *g.* ris.

Action, *f.* fact-um, i. *n.* Belle —, nobile — ; egregium, præclarum facinus, oris. *n. Mauvaise* —, turpe—.

Activité, *f.* (*des opérations de l'esprit*), vividi mentis impet-us, uum. *m. plur.*

Adieu, vale. *Dire* —, vale dic-ere, o, is, valedix-i. (*à q. q.*) *dat.*

Admettre, admitt-ere, o, is, admis-i, 's-um. *acc.* — *à sa table*, mensæ suæ adhib-ere, eo, es, u-i, it-um. *acc.*

Admirable, mirabil-is, is, e. *g.* is.

Admirer, mir-ari, or, aris, at-us sum. *dép. acc.*

Adonné, dedit-us, a, um. *g.* i. (*à*), *dat.*

Adorer, ador-are, o, as, av-i, a-tum. *acc.*

Adresse, *f.* solerti-a, æ. *f.* industri-a, æ. *f.*

Afrique, *f.* Afric-a, æ. *f.*

Affaire, *f.* re-s, i. *f.* negoti-um, i. *n.*

Affreux, horribil-is, is, e. *g.* is. ; horrid-us, a, um. *g. i.*

Age, *m.* æta-s, tis. *f. Jeune* —, ætas juvenil-is.

Agir, ag-ere, o, is, e-gi, act-um. *acc. Manière d'* —, agendi ratio, nis. *f.*

Agneau, *m.* agn-us, i. *m.*

Agréable, grat-us, a, um. *g.* i. ; jucund-us, a, um.

g. i.; amœn-us, a, um. g. i. suav-is, is, e. g. is.

Agréablement, eleganter, *adv. Très* —, perelegan-ter.

Agrément, m. gaudi-um, i. n.

Ah! heu! proh! *interj.*

Aiguillon, m. stimul-us, i. m.

Aile, f. al-a, æ. f.

Ailleurs, (avec tendance) aliò, (avec résidence) alibi. adv.

Aimable, amabil-is, is, e. g. is.

Aimer, dilig-ere, o, is, dilex-i, dilect-um. acc.; am-are, o, as, av-i, atum. acc.; — *mieux*, mal-le, o, mavis, mal-u-i. *Il aime à rire*, eum juvat ridere.

Ainsi, sic, ità. adv. hoc modo.

Air, m. aer, is. m. aur-a, æ. f. — *sombre*, tristis severita-s, tis. f.

Aise (à son), commodè. adv.

Ajouter, add-ere, o, is, id-i, it-um. acc. — (*parler*), subjic-ere, io, is, subjec-i, subject-um. acc.

Ajustement, m. ornament-um, i. n. cult-us, ûs. m.

Alexandre, m. Alexand-er, ri. m.

Alexandrie, f. Alexandri-a, æ. f. d' —, Alexandrin-us, a, um, g. i.

Aliment, m. aliment-um, i. n.

Allemagne, f. Germani-a, æ. f.

Aller, ire, eo, is, ivi, it-um. n.; pet-ere, o, is, iv-i, it-um. (dans) acc.

S'en —, ab-ire, eo, is, ii *ou* ivi, itum. — *voir*, invis-ere, o, is, i, um.

Allez, age, agite. *interj.*

Allié, affin-is, is, e. g. is. à g. ou dat.

Allons, courage, eia, ăgite. *interj.*

Allumer, succend-ere, o, is, i, succens-um. acc.; accend-ere, o, is, i, accens-um. acc. (à), ex. abl.

Allure, f. ingress-us, ûs. m.

Alors, tùm; tunc. adv.

Alsace, f. Alsaci-a, æ. f.

Amasser, collig ere, o, is. colleg-i, collect-um. acc. — *des trésors immenses*, auri argentiquo acervos conger-ere, o, is, congess-i, congest-um.

Ambitieux, ambitios-us, a, um. g. i.

Ambition, f. ambitio, n-is, f.

Ambroisie, f. ambrosi-a, æ, f. D' —, ambrosi-us, a, um. g. i.

Ame, f. anim-a, æ. f. anim-us, i. m.

Ami, m. amic-us, i. m. *Amie*, amic-a, æ. f.

Amitié, f. amiciti-a, æ, f., *Lier* —, amicitias conjung-ere, o, is, conjunx-i, conjunct-um.

Amour, m. amor, is. m. *Pour l'— de vous*, tuî ergo.

Amphore, f. amphor-a, æ. f.

Ample, ampl-us, a, um. g. i.

Amusement, m. delectament-um, i. n.

Amuser, oblect-are, o, as, av-i, at-um. *Le jeu l'amuse*, ludus eum juvat. *monop.*

An, m. ann-us, i. m.

Ancien, antiqu-us, a, um. g. i. vet-us, *d. t. g.* eris. *superl.* veterrim-us, a, um. g. i. *Les—*, veter-es., um. m. *pl.*

Ane, m. asin-us, i. m.

Anglais, Angl-us, i. m.

Animal, m. animal, is. n.

Année, f. ann-us, i. m.

Annibal, Annibal, is. m.

Antiquité, f. antiquita-s, tis. f.

Antoine, Antoni-us, i. m.

Août, mensis august-us, i. m.

Apercevoir, animadvert-ere, o, is, i, animadvers-um.; aspic-ere, io, is, aspex-i, aspect-um. *acc.*; cern-ere, o, is, crevi, cret-um.

Apostropher, compell-are, o, as, avi, at-um. *acc.*

Appareil, f. apparat-us, ûs. m.

Appartenir, esse, sum, fui. ou pertin-ere, et, uit. *monop.*—à, ad. *acc. Il appartient à un roi*, est regis. *Il m'* —, meum est. *Ce qui m'* —, quod meum est.

Appel, m. provocatio, n-is. f. *Sans* —, sine ullâ —, *abl.*

Appeler, voc-are, o, as, av-i, at-um. *acc.* — (*nommer*), nomin-are, o, as, av-i, at-um. *acc. S'* —, dic-i, o, eris, dict-us, sum.

Applaudir, plaud-ere, o, is, plau-s-i, plaus-um. n. *dat. S'* —, sibi plaud-ere, (*de q. ch.*) *acc.*

Application continuelle, f. laboris diuturnita-s, tis. f.

Apporter, affer-re, o, s, attul-i, allat-um. *acc.* defer-re, o, s, detul-i, delat-um.

Apprécier, æstim-are, o, as, av-i, at-um. *acc.*

Apprendre (*par cœur*), disc-ere, o, is, didic-i, discit-um. — *acc.* (*connaître*), cognosc-ere, o, is, cognov-i, cognit-um. (*q. ch.*) *acc.* (*de q. q.*) ab. *abl.* — (*instruire*), edoc-ere, eo, es, ui, t-um. (*q. ch. à q. q.*) aliquem rem—.

Approche, f. appropinquatio, n-is. f.; advent-us, ûs. m.

Approcher, acced-ere, o, is, access-i, s-um. n. — *de*, ad. *acc.*

Approuver, prob-are, o, as, av-i, at-um. *acc. Etre—*, prob-ari, or, aris, at-us sum. (*de*), *dat.*

Après, post. *prép. acc.*

Après que, quùm. *subj.* postquàm, *ind.* — *quoi*, posteà *adv. Peu* —, paulò post. *adv.*

Aquilon, m. Aquilo, n-is. m.

Araignée, f. arane-a, æ. f.

Arbre, m. arbor, is. f. — *à fruit*, — pomifera. *Vieux* —, antiqu-a —.

Arc, m. arc-us, ûs. m. — *de triomphe* —, triumphal-is, is.

Architecte, m. architect-us, i. m.

Ardent, arden-s, *d. t. g. gén.* tis. — (*vif*), ac-er, ris, e. g. ris.

Ardemment, ardenter. *adv.*

Ardeur, *f.* fervor, is. *m.* — (*zèle*), studi-um, i.

Argent, *m.* (*monnaie*), pecuni-a, æ. *f.* (*métal*), argent-um, i. *n. Vif* —, ·vivum argentum.

Aristide, *m.* Aristid-es, is. *m.*

Armée, *f.* exercit-us, ûs. *m.*

Armes, *f. plur.* arm-a, orum. *plur. n.*

Arracher, erip-ere, io, is, u-i, erept-um. *acc.* (*à q. q.*) *dat. ou à*, *abl.*

Arrêter (*saisir*), comprehend-ere, o, is, i, comprehens-um. *acc. S'* —, consist-ere, o, is, constit-i, um. *n.*

Arriver, (*en parlant des personnes*) adven-ire, io, is, i, t-um. *n.* — *à*, perven-ire, *comp.* (*en parlant des événemens*), accid-ere, it. *monop. Etre* —, accidisse. (*à*) *dat. Il arrive*, evenit. *Le temps arrivera*, tempus evenit. — *dans un lieu*, locum atting-ere, o, is, attig-i, attact-um.

Arrosoir, *m.* alveol-us, i. *m.*

Arsénic, *m.* arsenic-um, i, *n. Plein d'* —, arsenico refert-us, a, um. *g.* i.

Art, *m.* ar-s, tis. *f.*

Artisan, *m.* opif-ex, icis. *m.*

Asie, *f.* Asi-a, æ. *f.*

Assaisonnement, *m.* condiment-um, i. *n.*

Assez, satis. *adv.*

Assiéger, obsid-ere, eo, es, obsed-i, obsess-um. *acc.*

Assistant, adstan-s, *d. t. g.*, tis.

Assister, (*être présent à*)

ad-esse, sum, es, fui. *n. dat.*

Assurance, *f.* fiduci-a, æ. *f.*; audaci-a, æ. *f.*

Assuré, firm-us, a, um. *g.* i.

Assurément, profectò. *adv.*

Astucieux, astut-us, a, um. *g.* i.

Athènes, *f.* Athen-æ, arum. *f. pl.*

Athénien, Atheniens-is, is. *m.*

Attaché (*être*), adhær-ere, eo, es, adhæs-i, um. *à*, *dat.*

Attaque, *f.* impet-us, ûs. *m.*

Attaquer, aggred-i, ior, eris, aggress-us sum. *dép. acc.*

Attendre, exspect-are, o, as, av-i, at um. *acc.* (*de*) *à abl. Etre réservé* (*à*), man-ere, eo, es, s-i, s-um. *n. acc.* — *q. q. de pied ferme*, aliquem in ipso vestigio exspect-are.

Attention, *f.* attentio, n-is. *f.*

Attentivement, (*avec attention*), attentè. *adv.*

Attirer (*s'*), mer-eri, eor, eris, itus sum. *dép. acc.*

Aucun, ullus, a, um. *g.* ius. — *de*, nem-o, inis. — (*ne*), null-us, a, um. *g.* ius.

Audace, *f.* audaci-a, æ. *f.*

Augmenter, aug-ere, eo, es, aux-i, auct-um. *acc.*

Aujourd'hui, hodiè. *adv.*

Au moins, saltem. *adv.*

Aune, *f.* uln-a, æ. *f.*

Auparavant, anteà. *adv.*

Auprès, ad, propè. *prép. ac*

Aurore, *f.* auror-a, æ. *f.*

Aussi, quoque, etiam. *adv.* — (*c'est pourquoi*), itaque. *conj.*

Aussitôt, statìm, extemplò. adv. — *que*, statìm ut. *veut l'indic.*

Autant, tantùm. adv.

Autel, m. ar-a, æ. f.

Auteur, m. auctor, is. m.

Autre, alter, a, um. g. ius; ali-us, a, ud. g. ius. *L'un et l'autre*, ut-erque, ut-raque, ut-rumque, g. iusque. *Ni l'un ni l'autre*, neut-er, ra, rum, g. rius. *Tout autre*, quivis *ou* quilibet alius. *Les autres*, exter-i, æ, a. g. orum. *plur.*

Autrefois, olìm, quondam. adv. *Une* —, aliàs.

Autrement, aliter. adv.

Auxerre, (*ville de France*) Antissiodor-um, i. n.

Avancer, progred-i, ior, eris, progress-us sum.

Avant que, antequàm, priusquàm. *subj.*

Avantage, m. commod-um, i. n.

Avantageux, commod-us, a, um, g. i. *Il est* —, expedit. *monop. à dat.*

Avantageusement, commodè. adv.

Avec, cum. *prép. abl.* —*moi*, mecum. — *toi*, tecum. — *soi*, *ou* *lui*, secum. *pl.* nobiscum, vobiscum.

Avènement, m. (*au trône*) principat-ùs initi-um, i. n. *Avant mon avènement au trône*, antequàm principatum inirem.

Avertir, mon-ere, eo, es, u-i, itum. (*q. q.*) acc. (*de q. ch.*) g. *ou de. abl. Il l'avertit d'aller*, *tournez qu'il allât.* ut iret admonuit. certiorem fac-ere, io, is, fec-i, fact-um.

Avide, avid-us, a, um. g. i.

Avis, m. consili-um, i. n.

Aviser (*s'*), sibi in animum induc-ere, o, is, indux-i, induct-um.

Avoir, hab-ere, eo, es, u-i, it-um. acc. — *se tourne par être, et se rend par* esse, sum, es, fui. *J'ai un arbre*, *tournez un arbre est à moi*, arbor est mihi.

Avouer, fat-eri, eor, eris, fass-us sum. *dép. acc.*

B.

Babil, m. loquacita-s, tis. f.

Babillard, loqua-x, d. t. g. g. cis.

Bade, (*ville d'Allem.*) Bad-a, æ. f.

Badiner, nug-ari, or, aris, at-us sum. *dép.*

Bague, f. annul-us, i. m.

Bâle, (*ville de Suisse*) Basili-a, æ. f.

Baleine, f. balæn-a, æ. f.

Barbare, barbar-us, a, um. g. i; imman-is, e. g. is.

Barreaux, m. *plur.* cancelli-i, orum. m. *plur.*

Basse-cour, f. chor-s, tis. f.

Bataille, f. pugn-a, æ. f. *Perdre la*—, à prælio inferior disced-ere, o, is, discess-i, um. *Gagner la* —, victoriam report-are, o, as, av-i, atum.

Bâtiment, m. ædifici-um, i. n.

Bâtir, ædific-are, o, as, av-i, at-um. acc. *Il avait fait* —, jusserat ædificari.

Bâton, m. fust-is, is. m.

Battre (*secouer*), excut-ere, io, is, excuss-i, um. acc.

(*frapper*) cæd -ere, o, is, cæcid-i , cæs-um. *acc.*

Battu (*de la tempête*), pro-cellâ jactat-us, a , um. *g. i.*

Baudet, *m.* asell-us , i. *m.*

Bavard, e , *m. f.* loqua-x, d. t. *g. gén.* cis.

Bavière, *f.* Bavari-a , æ. *f.*

Beau, pulch-er, ra , rum. *g. i. compar.* rior, us. *sup.* errim-us, a , um ; venust-us, a , um. *g. i.*

Beaucoup , multùm, *adv.* (*un grand nombre*), mult-i , æ, a. *Devant plus ou moins* , multò , magnoperè. *adv.*

Beauté, pulchritud-o , inis. *fém.*

Belette, *f.* mustel-a , æ. *f.*

Bénévent (*de*), Beneventin-us , a , um. *g. i.*

Béni (*de*), benedict-us , a , um. *g. i. à. abl.*

Berger, *m.* pastor, is *m.*

Besançon, Vesuntio, n-is. *m.*

Besoin, *m.* op-us, eris. *n. J'ai —de*, tournez, —*est à moi de*, opus est mihi. *abl. Les besoins de la vie*, vitæ necessari-a , *g.* orum . *plur. n.*

Bête, *f.* besti-a , æ. *f.*

Bien , rectè; benè , meliùs, optimè. *adv. Très* —, gra-phicè. *adv.* — (*eh!*), eu-ge! *interj.* —(*beaucoup*), multùm. *Devant un nom de choses qui se comptent*, mult-i , æ, a ; plurim-i , æ , a.

Bien (*le*), bon-um , i. *n.*

Bienfait, *m.* benefici-um , i. *neut.*

Bienfaiteur, *m.* benè merit-us, i, *de*, de. *abl.*

Biens (*richesses*), op-es , um. *f. plur.*

Bientôt, mox , brevi. *adv.*

Biscuit, *m.* copt-a , æ. *f.*

Bizarre, vari-us, a , um. *g. i.*

Blâmable, vituperabil-is, is, e. *g.* is ; vituperand-us, a , um. *g. i.*

Blâmer, vituper-are, o, as, av-i , at-um. *acc.* —, *tourner à défaut à q. q.*, vitio alicui vert-ere, o , is , i , vers-um. (*q. ch.*) *acc.*

Blanc, alb-us, a , um. *g. i.*

Blé, *m.* frument-um , i. *n.* ; tritic-um , i. *n.*

Bocage, *m.* nem-us, oris. *n.*

Bœuf, *m.* bo-s, vis. *m. g. pl.* boum, *dat. et abl.* bo-bus.

Bohême, *f.* Bohemi-a , æ. *f. de Bohême* , Bohemi-us, a, um, *ou* Bohemu-s, a, um.

Boire, bib-ere, o, is, i , it-um. *acc.*

Bon, bon-us, a , um. *g. i.* —(*distingué*) , eximi-us , a , um. *g. i.*

Bonheur, *m.* felicita-s , tis. *fém.*

Bonhomie, *f.* summa boni-ta-s , tis. *f.*

Bonté, *f.* bonita-s , tis. *f.*

Bord, *m.* (*d'une rivière*), rip-a, æ. *f.* — *d'un chapeau*, marg-o , inis. *f.*

Botte, *f.* ocre-a , æ. *f.*

Bouclier, *m.* scut-um , i. *n.*

Bourdonner, bomb-um emit-t-ere , o , is , emis-i , sum. — *aux oreilles*, ad aures.

Bras, brachi-um , i. *n.*

Brave (*homme*), optim-us vir, i. *m. Braves gens*, bon-i, orum. *s. ent.* homi-nes.

Brebis, *f.* ov-is, is. *f.*

Brigand, *m.* prædo, n-is. *m.* latro, n-is. *m.*

Brillant, corusc-us , a , um.
g . i.

Briller, emic-are , o , as ,
u-i. *n. —par*, emin-ere ,
eo , es , u-i. *abl.*

Briser, frang-ere , o , is ,
freg-i , fractum. *acc.* dis-
jic-ere , io , is , disjec-i ,
disject-um. *acc.*

Bronze, m. æ-s , ris. *n.*

Buttin, m. præd-a , æ. *f.*

C.

Cacher, abscond-ere , o , is ,
i , it-um. *acc. — q. ch. à
q. q.*, aliquid ab oculis
alicujus avert-ere , o , is , i ,
avers-um. *Etre—*, lat-ere ,
eo , es , ui. *n.*

Cachette (en), clàm. *adv.*
furtìm. *adv.*

Cadavre, m. cadaver , is. *n.*

Calamité, *f.* calamita-s , tis.
fém.

Cambise , m. Cambis-es , is.
m.

Campagne , *f.* ru-s , ris. *n.*

Canne , *f.* bacul-us , i. *m.*

Canton , m. regio , n-is. *f.*

Capitale , *f.* cap-ut , itis. *n.*

Captiver , allig-are , o , as ,
av-i , at-um. *acc.*

Car , nam , namque. *conj.*

Caractère , m. indol-es , is.
f. —lent , tardita-s , tis.
fém.

Caresser, bland-iri , ior , iris ,
it-us sum. *dép.—q.q. dat.*

Carnage , m. cæd-es , is. *f.*

Carrière , *f.* curricul-um , i.
*n. Au commencement de
la—*, ineunte curricule.

Carthaginois , Carthaginien-
s-is. *m. Les —* , Pœn-i ,
orum. *m. pl.*

Cathédrale , *f.* ecclesi-a ca-
thedralis. *f.*

Caton , m. Cato , n-is. *m.*

Cause , *f.* caus-a , æ. *f. A—
de*, causâ *ou* ergo , g. ob
ou propter. *acc.*

Causer, (*parler*) garri-re ,
o , is , iv-i *ou* ii , t-um. *n.
—(procurer*(affer-re , o , s ,
attul-i , allat-um. *acc. — ,
tournez, être à*, esse , sum ,
es , fui , *avec deux datifs.*

Ce, cet, pron. hic , hæc ,
hoc. g. hujus *ou* ille , illa ,
illud. g. illius.

Céder , conced - ere , o , is ,
concess-i , um. *acc.*

Cela , illud. g. illi-us ; id ,
hoc. g. ejus , hujus.

Célèbre , celeb-er , ris , re.
g. is.

Célébrer , celebr-are , o , as ,
av-i , atum. *acc,*

Céler , cel-are , o , as , av-i ,
at-um. (*q. ch.*) *acc.* (*à
q. q.*) *acc.*

Celui , is , ea , id. g. ejus.
Celui-ci, hic , hæc , hoc.
g. hujus.—*là* , il-le , la ,
lud. g. illius ; hicce , hæc-
ce , hocce. g. hujusce.

Cent , centum. *ind. Deux
cents*, ducent-i , æ , a.
Quatre cents , quadrin-
gent-i , æ , a. *Six cents*, sexcent-i , æ , a. *Huit cents* ,
octingent-i , æ , a. *Huit
centième*, octingentesim-
us , a , um. g. i.

Cependant , tamen ; attamen ,
conj. *Ce dernier mot ne se
met qu'au commencement
d'une phrase.*

César m. Cæsar , is. *m.*

Certain, cert-us , a , um. g. i.
minimè dub-ius , a , um.
g. i. *Un—*, quidam , g.
cujusdam,

Certainement, profectò. *adv.*
certè *adv.*

Cesse (sans), indesinenter. *adv.* perpetuò. *adv.*

Cueillir, leg-ere, o, is, i. lect-um. *acc.*

Chacun, quisque, quæque, quodque. g. cujusque. *En parlant de deux*, uterque, utraque, utrumque. g. utr-iusque, *ou* ambo. g. amb-orum.

Chagrin, *m.* mœror, is. *m.*

Chaîne, *f.* caten-a, æ. *f.*

Chair, *f.* car-o, nis. *f.*

Chaleur, *f.* calor, is. *m.* æst-us, ûs. *m.* — *forte*, æstus vehemens.

Champ, *m.* ag-er, ri. *m. Sur le —*, statim, extemplò, illicò. *adv.*

Changer, mut-are, o, as, av-i, at-um. — *en*, in *acc.*

Chant, *m.* cant-us, ûs. *m.*

Chanter, can-ere, o, is, ce-cin-i, cant-um. *acc.*

Chapeau, *m.* petas-us, i. *m.*

Char, *m.* curr-us, ûs *m.*

Chardon, *m.* cardu-us, i. *m.*

Charge, *f.* on-us, eris. *n.*

Chargé, onust-us, a, um. g. i.

Charger (se), suscip-ere, io, is, suscep-i, t-um. — *de. acc.*

Charmant, amœn-us, a, um. g. i. jucundissim-us, a, um. g. i.

Charmes, (cela a des — pour moi), id me juvat. *monop.* de juv-are, o, as, juv-i, j-utum.

Chasse, *f.* venatio, n-is. *f.*

Chassé, expuls-us, a, um. g. i. (de) *abl.*

Chasser, (aller à la chasse) ven-ari, or, aris, atus sum. *dép.*

Chasseur, *m.* venator, is. *m.*

Chat, fel-es, is. *f.*

Château, *m.* castell-um, i. *n.*

Châtier, castig-are, o, as, av-i, at-um. *acc.*

Châtiment, *m.* supplici-um, i. *n.*

Chatte, *f.* fel-es, is. *f.*

Chaud (le), *m.* calor, is. *m.*

Chemin, *m.* iter, iner-is. *n.* vi-a, æ. *f.*

Chêne, *m.* querc-us, ûs. *f.*

Cher, car-us, a, um. g. i. à. *dat.*

Chercher, quær-ere, o, is, quæsiv-i, quæsit-um. *acc.* —*partout*, quærit-are, o, as, av-i, at-um. *acc.*

Chéri, dilect-us, a, um. g. i.

Cheval, *m.* equ-us, i *m.*

Chez, apud. *prép. acc. quand il y a résidence.* ad. *acc. quand il y a tendance.*

Chien, *m.* can-is, is. *m.*

Choisir, elig-ere, o, is, ele-g-i, electum. *acc.*

Choix, *m.* delect-us, ûs. *m. Faire un bon —*, bonum delectum habere.

Chose, *f.* re-s, i. *f. Quel-que —*, aliquid. *Une —*, unum.

Christ, Christ-us, i, *m.*

Ciel, *m.* cœl-um, i. *n.; plur.* cœl-i, orum. *m.*

Cicéron, Cicero, n-is. *m.*

Cigale, *f.* cicad-a, æ. *f.*

Cigue, *f.* cicut-a, æ. *f.*

Cinéas, Cine-as, æ *f.*

Cinq, quinque, *ind.* —*cents*, quingent-i, æ, a. *Cin-quième*, quintus, a, um. g. i.

Circonférence, *f.* orb-is, is. *m. Avoir un pied et demi* de —, sesquipedem orbe collig-ere, o, is, colleg-i, collect-um.

Cire, *f.* cera, æ. *f. De* —, cere-us, a, um. *g.* i.

Cirer, incer-are, o, as, av-i, at-um. *acc,*

Citadelle, *f.* ar-x, cis. *f.*

Citoyen, *m.* civ-is, is. *m.*

Classe, *f.* schol-a, æ. *f.*

Clémence, *f.* clementi-a, æ. *f.*

Colère, *f.* ir-a, æ. *f. Se mettre en* —, irasc-i, or, eris, irat-us sum. *Contre q. q. dat.*

Colifichets, *m.* nug-æ, arum. *f. plur.*

Collége, *m.* collegi-um, i. n.

Collier, *m.* torqu-es, is, *ou* torqu-is, is. *m.*

Colmar (*ville de France*), Colmari-a, æ. *f.*

Combat, *m.* pugn-a, æ. *f.* præli-um, i. n.

Combattre, pugn-are, o, as, av-i, at-um.

Combler, cumul-are, o, as, av-i, at-um, (*q. q.* (*acc.* (*de q. ch.*) *abl.*

Combustible, arid-us, a, um. *g.* i.

Comédie, *f.* comœdi-a, æ. *f.* spectacul-um, i. n.

Commander, imper-are, o, as, av-i, at-um. *acc.*

Comme, quùm, *veut le subj.* ut, *l'indic.* —, *de même que*, quemadmo lùm, seu. —, *de même*, veluti. — *moi*, haud secùs ac ego. —*il vous plaira*, ut tibi libuerit. — *un voleur*, latronis instar. —, nunquàm.

Commencer, incip-ere, io, is, incep-i, t-um. *acc.*

Commencement, *m.* initi-um, i. n.

Comment, quomodò, qui. *adv*

Commerce, *m.* commerci-um, i. n.

Commun, commun-is, is, e. *g.* is.

Communion (*sainte*), sacrum Christi corpus, oris. *n.* Sacrum epul-um, i, i. *n.*

Compagne, *f.* com-es, itis. *f.*

Compagnie, *f.* societa-s, tis. *fém.*

Compagnon, *m.* (*de voyage*), itineris soci-us, i. *n.* —, soci-us, i. *m.* com-es, itis. *m.*

Compatriote, *m.* popular-is, is. *m.*

Complaisance, *f.* obsequenti-a, æ. *f.*

Complaisant, obsequen-s, d. t. g. tis.

Composer, compon-ere, o, is, compos-ui, it-um. *acc.* —*un ouvrage*, librum *ou* opus scrib-ere, o, is, scrips-i, script-um.

Composition (*action de composer*), scriptio, n-is, *f.*

Comprendre, intellig-ere, o, is, intellex-i, intellect-um. *n. acc.*

Concert, *m.* concent-us, ûs, *m.*

Concitoyen, *m.* civ-is, is. *m.*

Condamner, damnare, o, as, av-i, at-um. (*q. q.*) acc. (*à*) ad. acc. ; *gén.* ou *dat. sans prép.*— *à mort*, capite addic-ere, o, is, addix-i, addict-um. *acc. Etre condamné à*, *avec un verbe*, jub-eri, eor, eris, jussus sum. *infin.*

Condé (*le prince de*), princeps Condat-us, i. *m.*

Conduire, duc-ere, o, is,

dux-i , et-um. *acc. — à*,
ad. *acc. — , transporter* ,
asportare, o, as, av-i , at-
um. *acc.*

Conduite, *f.* agendi ratio ,
n-is. *f.*

Confesseur, *m.* pœnitentiæ
sacramenti administ-er ,
ri. *m.*

Confiance, *f.* fidùc-ia, æ.*f.*
fide-s , i. *f.*

Confié, credit-us , a , um.
g. i. à. dat.

Confier, committ-ere , o , is ,
commi-s-i , sum. *acc.* cred-ere, o, is, idi, it-um.
acc.

Confitures, *f.* pom-a , orum
saccharo condit-a , orum.
n.

Connaissance, *f.* notio , n-
is. *f.*

Connaître, cognosc-ere , o,
is , cognov-i, it-um. *acc.*
de ou *par*, ex. *abl.* novisse, i, nosc-ere. —*à fond*,
penitùs cognitum hab-ere ,
eo , es , u-i , it-um.

Conquérant, *m.* (*dompteur
de nations*), gentium do-
mitor , is. *m.*

Conscience (*en*), bonâ fide.

Conscription, *f.* nomen militiæ *ou* bello datum. *n.*

Conseil, *m.* consili-um , i. *n.*

Conseiller, suad-ere , eo, es,
suas-i, um. (*q. ch.*) ac c.
(*à q. q.*) *dat.*

Consentir (*à une chose*),
rem comprob-are , o , as ,
av-i , at-um.

Conserver, serv-are , o , as ,
av-i , at-um. *acc.*

Considérable, ingen-s , d. t.
g. tis; insign-is , is , e ;
grand-is , is , e. g. is.

Conspirer, conspir-are , o ,

es , av-i , at-um. — *contre*
q.q. in *acc.*

Consoler, consol-ari , or ,
aris , at-us sum. *dép. acc.*

Constance (*lac de*), Cons-
tantiensis lac-us , ûs. *m.*

Construire, ædific-are , o ,
as , av-i , at-um ; exstru-
ere , o , is , x-i , ct-um.
acc. Faire — , ædificari
jub-ere , eo , es , juss-i ,
um.

Consulter (*les livres*), libros ad-ire , eo , is , ii *ou*
iv-i , it-um.

Consumer (*se*), dissip-ari ,
or , aris , at-us sum. *v.
pass.*

Content, content-us , a , um.
g. i. abl.

Contenter, satisfac-ere , io ,
is , feci , fact-um. (*q. q.*)
dat.

Contempler , contempl-ari ,
or , aris , atus sum. *dép.
acc.* intu-eri , eor , eris ,
it-us sum. *dép. acc.*

Conter (*raconter*), narr-
are , o , as , av-i , at-um.
acc.

Continuer, perg-ere , o , is ,
perrex-i , perrect-um. *acc.*

Contraire, contrari-us , a ,
um. g. i. *Au* — , è contra-
riò ; contrà. *adv.*

Contre, adversùs. *prép. acc.*

Contre cœur (*à*), invit-us ,
a , um. g. i.

Contrée, *f.* regio , n-is. *f.*

Convaincre, convinc-ere , o,
is , convic-i , t-um. q. q.
acc., *de q. ch. abl.* ou g.

Convenir (*être convenable*),
dec-ere , et , uit. *monop. à*
acc.

Convive, *m.* conviv-a , æ. *m.*

Coq, *m.* gall-us , i. *m.*

Coque, *f.* follicul-us, i. *m.*
Coquille, *f.* test-a, æ. *f.*
Coquin, *m.* balatro, n-is. *m.*
Corbeau, *m.* corv-us, i. *m.*
Coriolan, Coriolan-us, i. *m.*
Corps, *m.* corp-us, oris. *n.*
Correct, emendat-us, a, um. g. i.
Correcteur, *m.* plagos-us, i. *m.*
Corriger, castig-are, o, as, av-i, at-um. *acc.* Se —, se ad meliorem frugem recipere, io, recep-i, t-um.
Côte (rivage), litt-us, oris. *n.*
Côté, (*de l'autre*), trans. *prép. acc.*
Couché, recuban-s, d. t. g. tis.
Couleur, *f.* color, is. *m.*
Coup, *m.* ict-us, ûs. *m.*
Coupable, nocen-s, d. t. g. tis ; son-s, tis.
Courage, *m.* fortitud-o, inis. *f.* ; anim-us i. *m.* ; virt-us, utis. *f.*
Courageusement, forti-ter. *adv.* iùs, issimè.
Courageux, fort-is, i, e. g. is.
Courir, curr-ere, o, is cu-curri, curs-um. *n.*
Courroux, *m.* ir-a, æ. *f.*
Court, brev-is, is, e. g. is ; curt-us, a, um. g. i.
Courtisan, *m.* aulic-us, i. *m.*
Cousin, *m.* consobrin-us, i. *m.*
Cousine, *f.* consobrin-a, æ. *f.*
Coûter, const-are, o, as, it-i, um. *n.*
Coutume, mo-s, ris. *m. Ils avaient* —, iis in more fuit.

Couvert, opert-us, a, um. g. i.
Couverture, *f.* toral, is. *n.*
Couvrir (*se*), obru-i, or, eris, t-us sum. *abl.*
Craindre, tim-ere, eo, es, u-i. *acc.*
Crainte, *f.* met-us ûs. *m.* ; formid-o, inis. *f.* ; timor, is *m.*
Créateur, *m.* creator, is *m.*
Créature, *f.* animan-s, d. t. g. tis.
Cri, *m.* clamor, is. *m.*
Crime, *m.* scel-us, eris *n.* *Faire un* —, vitio vert-ere, o, is, i, vers-um. (*de q.q. ch.*) *acc.* (*à q.q.*) *dat.* ; crimen, n-is. *n.*
Criminel, scelest-us, a, um. g. i ; son-s, tis ; perfid-us, a, um. g. i.
Croire, cred-ere, o, is, id-i, it-um. *acc.*
Croupir, marcesc-ere, o, is, ui. *n.*
Cruauté, *f.* crudelita-s, tis. *f.*
Cruel, crudel-is, is, e. g. is ; imman-is, is, e. g. is.
Cuisinier, *m.* coqu-us, i. *m.*
Cultivateur, *m.* cultor, is. *m.*
Curieux (*qui désire*), cu-pid-us, a, um. g. i
Curiosité, *f.* curiosita-s, tis. *f.*
Cynique, cynic-us, a, um. g. i.

D.

D'abord, voy. abord.
Dame, *f.* matrona, æ. *f.*
Danger, *m.* pericul-um, i. *n.*
Dangereux, metuend-us, a, um. g. i.

Danube, m. (*fleuve d'Allem.*), Danubi-us. i. *m.*

Dans, in. *avec tendance*, acc. *avec résidence*. abl.

Danse, *f.* saltatio, n-is. *f.*

Danser, saltit-are, o, as, avi, at-um. *n.*

Dard, *m.* aculeus, i. *m.*

Darder, emitt-ere, o, is, emis-i, sum. *n.*

Davantage, plùs, magis, ampliùs. *adv.* plura, *sous-ent.* verba *ou* negotia.

Débarqué, appuls-us, a, um. g. i. *Nouvellement—*, recen-s, d. t. g. tis. *abl.*

Débauche, *f.* commessatio, n-is. *f.*

Débauché, dissolut-us, a, um. g. i.

Décider, labantem allic-ere, io, is, allex-i, allect-um.

Découvrir, deteg-ere, o, is, detex i, detect um. acc.

Décrit, descriptus, a, um. g. i. *Très-bien —*, graphicè descriptus.

Dédaigner, dedign ari, or, aris, at-us sum. *dép.*

Dedans, intùs. *prép.* acc. Voy. *les adv. dans les quest: de lieu.*

Déesse, *f.* de-a, æ. *f.* dat. et abl. plur. deabus.

Défaut, *m.* viti-um, i. *n.*

Défendre, defend-ere, o, is, i, sum. acc. — (*protéger*), tueri, or, ris, tuit-us sum. *dép.* acc. *Se —*, se defendere.

Défenses (du sanglier), *f.* dent-es, ium. *m.*

Défunt, defunctus, a, um. g. i.

Dégoûtant, fastidios-us, a, um. g i.

Dehors, foràs. *adv. Au —*,

extrinsecùs. *Voy. les adv. aux quest. de lieu.*

Déjà, jàm. adv.

De là (au), trans. acc.

Délicat, delicat-us, a, um. g. i; mollicul-us, a, um. g. i; subtil-is, is, e. g. is.

Délices, *f.* delici æ, arum. *f. plur. Ses seules délices*, unicæ ejus deliciæ. *Vivre dans les —*, luxuri-are, o, as, avi, at-um.

Délicieux, jucundissim-us, a, um. g. i.

Délit, *m.* delict-um, i. *n.*

Délivrer, exim-ere, o, is, exem-i, exemptum. (*q. q.*) acc. (*de q. q. ch.*) ab. abl. *ou* abl. s. prép. liber-are, o, as, avi, at-um.

Demander, pet-ere, o, is, iv-i, it-um. (*q. ch.*) acc. (*à q. q.*) ab. abl.

Demeurer, man-ere, eo, es, s-i, s-um; habit-are, o, as, avi, atum. — (*séjourner*), commor-ari, or, aris, at-us sum. — *dans*, in. abl.

Demi, dimidi-us, a, um. g. i.

Démocrite, *m.* Democritus, i. m.

Démon, *m.* dæmon, is. *m.*

Dent, *f.* den-s, tis. *m. Mettre sous la —*, dente ter-ere, o, is, triv-i, tritum. *Montrer les —*, minari dentes.

Dentelle, *f.* denticulatum text-um, i. *n.*

Département, *m.* monarchia, æ. *f.*; præfectur-a, æ. *f.*

Dépenser (faire des dépenses), sumptus ag-ere, o, is, eg-i, act-um.

Déplorable, miserand-us, a,
um. *g. i.*

Dépouiller, nud-are, o, as,
avi, at-um; spoliare, o,
as, avi, at - um. (*q. q.*)
acc. (*de q. ch.*) *abl.*

Depuis, à *ou* ab. *prép. abl.*
— *ce temps*, ab illo tempore. — *long-temps*, jàm
pridem. *adv.* è *ou* ex. *pr.
abl.*

Dernier, ultim-us, a, um.
*g. i. En ne parlant que de
deux*, posterior, is. — (*le
plus vil*), abjectissim-us,
a, um. *g. i.*

Dérober, subduc-ere, o,
is, subdux-i, subduct-
um. (*q. ch.*) *acc.* (*à q.q.*)
dat.

Derrière, ultrà. *acc.* post.
prép. acc.

Désagréable, molest-us, -us, a,
um. *g. i.* injucund-us, a,
um. *g. i.*

Désert, desert-us, a, um.
g. i.

Déserteur, desertor, is. *m.*

Désir, *m.* cupid-o, inis. *f.*
cupidit-as, tis. *f.*

Désirable, optand-us, a,
um. *g. i.*

Désirer, appet-ere, o, is,
iv-i, it-um. *acc.* cup-ere,
io, is. *acc.* av-ere, eo, es.
n. Qui —, cupid-us, a,
um. *gén.*

Désireux, cupid-us, a, um.
g. i.

Désobéissant, inobsequen-s
d. t. g. tis.

Désolé, luctu perdit-us, a,
um. *g. i.*

Dès que, ut, statìm ut. *veut
l'ind.* ubi; ubi semel. *Dès
à présent*, jàm nunc.

Dessein, *m.* consilium, i. *n.
A* —, de industriâ.

Destruction. *f.* exiti-um, i.
n.

Déterminer (*décider*), induc-ere, o, is, indux-i, induct-um.

Détestable, detestand-us, a,
um. *g. i.*

Détester, detestari, or, aris,
at-us sum. *dép. acc.*; odisse, odi, odisti, odit, os-um.

Détourner, deduc-ere, o, is,
dedux-i, deductum. (*q.
q.*) acc. (*de q. ch.*) ab.
abl.; retrah-ere, o, is,
retrax-i, retract-um. (*de*)
ab. *abl.*; deterr-ere, eo,
es, u-i, it-um. (*de*) ab.
abl.

Détrôner, regno detrud-ere,
o, is, detrus-i, detrus-
um. *acc.*

Détruire (*faire mourir*),
enec-are, o, as, av-i, at-
um, et t-um. *acc.*

Deux, duo, o, æ, — *Tous les*
—, amb-o, æ, o; uterque
raque, rumque. *g.* utriusque. — *cents*, ducent-i,
æ, a. — *fois* bis.

Devant (*en présence*), co-
ràm. *abl. Au* —, obviàm.
adv. dat. —, antè *prép.
acc.*

Devenir, fi-eri, o, is, fact-
us sum. *pass.* de facio.
Que deviendrons - nous ?
quid fiet de nobis?

Devoir, *m.* officium, i. *n.*

Devoir, d. b-ere, eo, es,
u-i, it-um. *acc. Dû*, de-
bit-us, a, um. *g. i.*

Dévorer, vor-are, o, as,
av-i, at-um. *acc. Des
friandises à* —, suavissi-
mum aliquid devorandum,
devor-are. *comp. acc.*

Diamant, *m.* adama-s, ntis.
m.

Dieu, *m.* De-us, i. *m. Plaise à—*, utinam. *adv.* De—, divin-us, a, um.

Différemment, aliter. *adv.* Bien —, longè aliter,

Différent, vari-us, a, um. g. i.

Difficile, difficil-is, is, e. g. is. — *à.* supin. en u.

Difficulté, *f.* difficulta-s, tis. *f.*

Difforme, deform-is, is, e. g. is. — (*de corps*), distort-us, a, um. g. i.

Digne, dign-us, a, um. g. i. *abl.*

Dijon, *m.* Divio, n-is. *m.*

Diligence, *f.* diligenti-a, æ. *f.*

Diligent, diligen-s, d. t. g. tis ; sedul-us, a, um. g. i.

Dîner, *m.* prandi-um, i. *n.*

Dîner, prand-ere, eo, es, i, prans-um. *n. Faire un — délectable*, jucundissimè prandere.

Diogène, *m.* Diogen-es, is. *m.*

Dire, dic-ere, o, is, dix-i, dict-um. (*q. ch.*) acc. (*de q. q.*) de. *abl.*; loqu-i, or, eris, locut-us sum. *dép. acc. Dit-il*, inquit. *Dites-vous*, inquitis.

Discours, *m.* oratio, n-is. *f.* —(*conversation*), sermo, n-is. *m.* — (*mauvais propos*), dicteri-um, i. *n.*

Disposé, parat-us, a, um. g. i. *à*, ad. *acc.*

Dissimulation, *f.* dissimulatio, n-is. *f.*; frau-s, dis. *f.*

Dissipation, *f.* oblectatio, n-is. *f.*

Dissolu, dissolut-us, a, um. g. i.

Divinité, *f.* num-en, inis. *n.*; de-us, i. *m.*

Dix, decem. *indécl.* — *heures*, hora decima. — *sept*, septemdecim. *indécl.*

Dixième, decim-us, a, um. g. i.

Dogue, *m.* moloss-us, i. *m.*

Doigt, *m.* digit-us, i. *m.*

Domestique, *m.* famul-us, i. *m.* serv-us, i. *m.*

Dompter, dom-are, o, as, u-i, it-um. *acc.— ses passions*, turbatos animi motus cohib-ere, eo, es u-i, it-um.

Donc, igitur ; ergò. *conj.*

Donner, d-are, o, as, ed-i, at-um, (*q. ch.*) acc. (*à q. q.*) dat. — *du secours.* Voy. secourir. — *des préceptes*, præcepta trad-ere, o, is id-i, it-um.

Dont, *après un nom singul.* cujus. *Après un nom plur. m. ou n.* quorum ou *l'abl.* Voy. la grammaire.

Dormir, dorm-ire, io, is, iv-i, it-um. *n.*

Doucement (*tout*), lentè. *adv.* ; leviter. *adv.*

Douceur, *f.* mansuetud-o, in-is. *f.* ; lenita-s, tis. *f.*

Doué, prædit-us, a, um. g. i. *abl.*

Douleur, *f.* dolor, is. *m.*

Doute, *m.* dubi-um, i. *n. Sans —*, sine dubio ; haud dubiè ; sanè ; profectò.

Doux (*de caractère*), mit-is, is, e. g. is ; mansuet-us, a, um. g. i. —, *agréable*, suav-is, is, e. g. is ; dulcis, is, e. g. is. *à q. q.* ou *pour q. q. dat*

Douze, duodecim. *indécl.— cents*, mille et ducent-i, æ, a. g. orum.

Drap, *m.* (*étoffe*) pann-us,

i. *m.* — *très-fin*, — tennuis-
simæ texturæ.

Droit, *m.* ju-s, ris. *n. User
de son* —, jus suum ten-
ere, eo, es, u-i, tum.

Duc, *m.* du-x, cis. *m.*

Dur, dur-us, a, um. g. i.

Durable, diuturn us, a, um.
g. i.

E.

Eau, *f.* aqu-a, æ. *f.*

Ebranlé, commot-us, a, um.
g. i. *abl.*

Echapper, effug-ere, io, is,
i, it-um. *n.* — *au danger*,
effugere periculum. —, *en
parlant des choses*, excid-
ere, o, is, i. *n. Son, nom
m'est échappé*, ejus no-
men mihi excidit.

Eclater (*de rire*), risu dis-
sil ire, io, is, u-i, dissult-
um.

Eclos, e, expans-us, a, um.
g. i.

Ecolier, *m.* discipul-us, i.
m.

Econome, parc-us, a, um.
g. i.

Ecorce, *f.* cortex, ic-is. *m.*

Ecouler (*s'*), effluere, o,
is, x-i, x-um. *n.*

Ecouter, aud-ire, io, is,
iv-i, it um. *acc.* — (*faire
attention*), attend-ere, o,
is, i, attent-um.

Ecraser, obru-ere, o, is, i,
t-um. *acc.*

Ecrier (*s'*), exclam-are, o,
as, av i, at-um. *n.*

Ecrire, scrib ere, o, is,
scrips-i, scriptum. (*q.
ch.*) *acc.* (*à q.q.*) *dat. ou
ad. acc.*

Ecrouler, corru-ere, o, is,
u-i, t-um. *n.*

Ecu, *m.* nummus, i. *m.*

Edifice, *m.* æd-es, is. *f.*
ædificium, i. *n.*

Education, *f.* institutio,
n-is. *f.*

Effet (*en*), reipsà, reverâ,
enim verò. *conj.*

Efforcer (*s'*), con-ari, or,
aris, at-us sum. *dép.* ; cert-
are, o, as, av-i, at-um.

Effrayer, terr ere, eo, es,
ui, it-um. *acc.*

Effronté, impuden-s, d. t.
g. tis.

Egal, æqual-is, is, e. g. *et
dat.*

Egalement, pariter. *adv.*

Egarement, *m.* imprudenti-
a, æ. *f.*

Eglise, *f.* ecclesi-a, æ. *f.*

Egypte, *f.* Ægyptus, i.
fém.

Egyptien, *m.* Ægypti-us, i.
m.

Eh bien! eheus!

Elément, *m.* element-um,
i. *n.*

Elève, *m.* discipul-us, i. *m.*
alum-nus, i. *m.*

Elevé, sublim-is, is, e. g.
is. *Bien* —, liberaliter edu-
cat-us, a, um. g. i.

Elever (*s'*), surg-ere, o, is,
surrex-i, surrect-um. — *au
plus haut des airs*, subli-
mes in auras surgere.

Eloge, *m.* lau-s, dis. *f.*

Eloigné (*être*), dist-are, o,
as, distet-i, distit-um *et*
distat - um. *n.* ab-esse,
sum, fu-i.(*de q. q.*) ab.
abl.

Eloigner, remov-ere, eo,
es, i, remot-um. (*q. q.*)
acc. (*de q. ch.*) ab. *abl.*
repell-ere, o, is, repuls-i,
um. *acc.*, *de* ab. *abl. S'*—,
reced-ere, o, is, recess-i,
um. (*de q. ch.*) ab. *abl.*

THÊMES. — HUIT. *Elèves.*   F

procéd-ere, o, is, process-i, um. *de*, ab. *abl.*

Embaumer (*les morts*), mortuorum corpora cond-ire, io, is, iv-i, it-um.

Emerveiller (*s'*), mir-ari, or, aris, at-us sum. *dép. acc.*

Emmener, abducer-e, o, is, abdux-i, abduct-um. *acc.*

Emparer (*s'*), pet-iri, ior, iris, it-us sum. *dép. abl.* — *par les armes*, armis occup-are, o, as, av-i, at-um. *acc.*

Empereur, *m.* imperator, is. *m.*

Empire, *m.* imperi-um, i. *n.*

Emploi, *m.* offici-um, i. *neut.*

Employer, adhib-ere, eo, es, u-i, it-um. *acc.* — *le temps*, tempus consum-ere, o, is, ps-i, pt-um.

Emplumé, pennat-us, a, um. *g. i.*

Emporter (*l'*), *sur q. q., par q. ch.* aliquem aliquâ re vinc-ere, o, is, vic-i, t-um; præst-are, o, as, it-i, it-um. *dat.* Emporter *q. ch.* aufer-re, o, s, abs-tuli, ablat-um. *acc.*

Empressement, *m.* studi-um, i. *n.*

Emprisonner, in carcerem ou in carcere includ-ere, o, is, inclus-i, um. *acc.*

Emprunter, mutu-ari, or, aris, at-us sum. *dép.*, *q ch.*) *acc. a*, ab. *abl.*

En, in. *acc.* ou *abl. Selon qu'il y a mouvement ou* non. Voy. *les questions de lieu.* (*en lui-même*), n'trà se, secum reputans.

Enée, *m.* Æneas, æ. *m.*

Enclin, procliv-is, is, e. g. is. *à*, ad. *acc.*

Encore, adhuc. *adv.* — (*aussi*), quoque. *conj.*

Endroit, *m.* loc-us, i. *m. De quelqu'—, par quelqu'—.* Voy. *les adv. des questions de lieu.*

Enfant, *m.* puer, i. *m. Petit* —, puerul-us, i. *m. Les* —, liber-i, orum. *m. plur. Ce dernier mot est plus usité lorsqu'il est rapproché des mots père ou mère*

Enfer, *m.* infer-i, orum. *m. plur.* (*lieux bas*).

Enfermer, includ-ere, o, is, inclus-i, um. *acc.* (*dans*) in. *abl. S'—, se* includere

Enfin, tandem. *adv.*

Enflammer (*s'*), flammam concip-ere, io, is, concep-i, t um.

Engager, induc-ere, o, is, indux-i, induct-um. *acc.* (*à q. ch.*) ad. *acc.*; invit-are, o, as, av-i, at-um. *acc. ad. acc.*

Engendrer, procre-are, o, as, av-i, at-um. *acc.*

Engourdissement, *m.* veter-n-um, i. *n.*

Enlever, aufer-re, o, s, abstul-i, ablat-um. *acc.*

Ennemi de (*guerre*), *m.* host-is, is. *m.* (*particulier*) inim-c-us, i. *m.* in-fens-us, a, um. *g. i. dat.*

Ennui, *m.* tædi-um, i. *n.*

Ennuyer (*s'*), tæd-ere, et, ui. monop. (*de*) *gén.*

Ennuyeux, molest-us, a, um. *g. i.*

Enorme, enorm-is, is, e. *g.* is.

Enormité, *f.* atrocita-s, tis. *f.* —, (*grandeur*) immensita-s, tis. *f.*

Enrichi, distinct-us, a, um. *g. i. abl.*

Enrichir (*s'*), ditesc ere, o, is *n.* —(*orner*), exorn-are, o, as, av-i, at-um. *acc.*

Ensemble, simùl, unà. *adv.*

Entendre, aud-ire, io, is, iv-i, it-um. *acc.* — (*comprendre*) intellig ere, o, is, intellex-i, intellect-um. *acc.*

Enterrer, inhum-are, o, as, av-i, at-um. *acc.*

Entier, integ-er, ra, rum. *g.* ri ; solid-us, a, um. *g.* i ; tot-us, a, um. *g.* ius.

Entourer, cing-ere, o, is, cinx-i, cinct-um. *acc.*

Entrée, *f.* adit-us, ûs. *m.* *A l'*— *de la vie*, ineunte vità.

Entreprendre, suscip-ere, io, is, suscep-i, t-um. *acc.* — *de longs voyages*, longinquas profectiones ingred-i, ior, eris, ingress-us sum. *dép.*

Entreprise, *f.* (*nouvelle*) novum consili-um, i. *n.* *Méditer une* —, consili-um, agit-are, o, as, av-i, at-um.

Entrer, ingred-i, ior, eris, ingress-us sum. *dép.* — *dans un lieu*, in. *acc.* (*On peut supprimer la préposition.*)

Envers, in. *acc.* ; ergà. *acc.*

Envie, *f.* studi-um, i. *n.*

(*désir*), cupidit-as, tis. *f.* ; cupid-o, in-is. *f.* *J'ai* — *de*, mihi in animo est. *inf.*

Environ, circiter. *acc.* *Aux* —, circà. *prép. acc.*

Envoyer, mitt-ere, o, is, mis-i, sum. (*q. ch.*) *acc.* (*à q. q.*) *dat. ou* ad. *acc.*

Epaule, *f.* humer-us, i. *m.* *Charger sur ses* —, humeris impon-ere, o, is, impos-ui, it-um. *acc.*

Epargner, parc-ere, o, is, peperc-i, parcitum. *n.* (*q. q.*) *dat.* — (*q. q.*) ab aliquo abstin-ere, eo, es, ui, abstent-um.

Epée. *f.* gladi-us, i. *m.* ; ens-is, is. *f.*

Epicure, *m.* Epicur-us, i. *m.*

Epire, Epir-us, i. *m. Les Epirotes*, Epirot-æ, arum. *m. plur.*

Epoque, *f.* temp-us, oris. *n. Depuis cette* —, ab illo tempore.

Epoux, *m.* spons-us, i. *m.* marit-us, i. *m.*

Eprouvé, spectat-us, a, um. *g. i.*

Eprouver (*sentir*), sent-ire, io, is, sens-i, um. *acc.*

Esclave, *m.* serv-us, i. *m.* *Etre* —, serv-ire, io, is, ii, it-um. *n.* ; inservire. *comp.*

Esculape, *m.* Esculapi-us, i. *m.*

Espagnol, *m.* Hispan-us, i. *m.*

Espèce, *f.* (*une*) genus quoddam. *de*, *g.*

Espérer, sper-are, o, as, av-i, at-um. *acc.*

Esprit, *m.* ingen-ium, i. *n.* men-s, tis. *f.*

Essayer, tent-are, o, as, av-i, at-um. *acc.*

Est-ce que? nùm? *adv. interr.*

Et, *conj.* et; atque; ac; que. et...*ne*, nec, et tu . tu autem.

Etat, *m.* patri-a, æ. *f.*

Eté, *m.* æsta-s, tis. *f.*

Etendue, *f.* immensita-s, tis. *f.* — *d'eaux*, tract-us aquarum.

Eternel, sempitern-us, a, um. *g.* i; ætern-us, a, um. *g.* i.

Etonné, attonit-us, a, um. *g.* i. *de. abl.*; mirat-us, a, um. *g.* i. *acc.* *Etre —* *de q. ch.* mir-ari, or, aris, at-us sum. *acc.*

Etourdiment, *adv.* inconsiderat-è, iùs, issimè.

Etrangement, *adv.* graviter.

Etrangler, strangul-are, o, as, av-i, at-um. *acc.*

Etre, esse, sum, fui. *C'est à moi*, est meum.

Etre (l') suprême . *m.* supremus rerum arbit-er, ri, *m.*

Etude, *f.* studi-um, i. *n.*

Etudier, stud-ere, eo, es, ui. *n.* (*sans supin*), (*q. ch.*) *dat.* — *le caractère*, ingenium explor-are, o, as, av-i, at-um.

Eugène, *m.* Eugen-ius, i. *m.*

Evaluer, pretium statu-ere, o, is, i, t-um. (*q. ch.*) *gén. m. à. m. Etablir le prix de.*

Evaporer (s'), diffug-ere, io, is, it-um ; evanesc-ere, o, is, evanui.

Evénement, *m.* event-us, ûs. *m.*

Evreux, *m.* (*ville de France*), Ebroic-æ, arum. *f. plur.*

Exactement, sedulò. *adv.*

Examiner, pensit-are, o, as, av-i, at-um. *acc.*

Excellent, egregi-us, a, um. *g.* i. —, optimus, a, um. *g.* i.

Excès, *m.* impet-us, ûs. *m.*

Exciter, incit-are, o, as, av-i, at-um. *acc.* (*à q. ch.*) ad. *acc.*; concit-are, o, as, av-i, at-um; impell-ere, o, is, impul-i, sum; excit-are, o; mevere, veo, ves, vi, t-um. *acc.* hort-ari, or, aris, at-us sum. *dép.* —*à*, ad. *acc.*

Exécuter, exsequ-i, or, eris, exsecut-us sum. *dép. acc.*

Exemple, *m.* exempl-um, i. *n.*

Exercer, exerc-ere, eo, es, u-i, it-um. *acc.* — *la patience*, patientiam tentare, o, a, av-i, at-um.

Exercice, *m.* exercitatio, n-is. *f.*

Exhorter, hort-ari, or, aris, at-us sum. *dép.* (*q. q.*) *acc.* (*à q. ch.*) ad. *acc.*

Exil, *m.* exsili-um, i. *n.*

Exploit, *m.* pulchr-um facin-us, oris. *n.*

Exposé (être), esse obnoxi-us, a, um. *g.* i. (*à q. ch.*) *dat.* — *à la vue*, sit-us, a, um. *g.* i. in oculis.

Exprimer, exprim-ere, o, is, express-i, um. *acc.*

Extraordinaire, singular-is, is, e. *g.* is; insolit-us, a, um. *g.* i.

Extrême, summ-us, a, um. *g.* i; spectat-us, a, um. *g.*

F.

Fable, *f.* fabul-a, æ. *f.* — (*histoire fabuleuse*), fabularis histori-a, æ. *f.*

Fâché, irat-us, a, um. *g. i.* Etre —, dol-ere, eo, es, u-i, it-um. *n.* (*de q. ch.*) *acc.*; pig-ere, et, uit. *monop. gén.*

Fâcher (*se*), irasc-i, or, eris, at-us sum. *dép.* — contre q. q. *dat.*

Facile, facil-is, is, e. *g. is. dat.*; *sup.* facillim-us, a, um. *g. i.*

Facilement, facilè. *adv.*; *superl.* facillimè.

Faible, debil-is, is, e. *g.* is; imbell-is, is, e. *g.* is.

Faiblesse, (*de caractère*) *f.* nimia facilita-s, atis. *f.*

Faim, *f.* fam-es, is. *f. Pressé par la* —, fame coact-us, a, um. *g. i. Mourir de* —, fame inter-ire, eo, is, ii, it-um.

Faire, fac-ere, io, is, fec-i, fact-um; ag-ere, o, is, eg-i, act-um. *acc.*; confic-ere, io, is, confec-i, t-um. (*q. ch.*) *acc.* — *un crime*, crimini d-are, o, as, ded-i, dat-um. (*de q. ch.*) *acc.* (*à q. q.*) *dat. Cherchez les autres mots joints au verbe faire.*

Falloir, oport-ere, et, uit. *monop. et l'inf. ou ut, et le subj.*

Fameux, insign-is, is, e. *g.* is.

Famille, *f.* famili-a, æ. *f. Père de* —, pater familiâs. *Déclinez seulement pater.*

Famine, *f.* fame-s, is. *f*

Fatigue, *f.* fatigatio, n-is, *f.*; labor, is. *m.*

Fatigué, fess-us, a, um. *g. i. abl.*

Fatiguer, fatig-are, o, as, av-i, at-um. *acc. Se* —, se macer-are, o, as, av-i, at-um.

Faveur, *f.* benefici-um, i. *n.*

Favoriser, fav-ere, eo, es, i, faut-um. *n.* (*q. q.*) *dat.*

Fécond, fecund-us, a, um. *g. i;* uber, d. t. g. is. *comp.* uberior, is. *superl.* uberrim-us, a, um. *g. i. Mine* —, fodius uberior,

Féliciter, gratul-ari, or, aris, at-us sum. *dép.* (*q. q.*) *dat.* (*de q. ch.*) *acc. Se* —, sibi plaud-ere, o, is, plaus-i, um. *sans régime.*

Femme, *f.* mulier, is. *f.* — (*épouse*), uxor, is. *f.*

Fer, *m.* ferr-um, i. *n. De* —, ferre-us, a, um. *g. i.*

Ferme, *f.* vill-a, æ. *f.*

Fermier, *m.* villic-us, i. *m.*

Fête, *f.* fest-um, i. *n. De* —, fest-us, a, um. *g. i.*

Feu, *m.* ign-is, is. *m.*

Feuille, *f.* foli-um, i. *n.*

Flatter, bland-iri, ior, iris, it-us sum. *dép.* (*q. q.*) *dat.*

Fleur, *f.* flo-s, ris. *m.*

Fleuve, *m.* flum-en, in-is. *n.*

Flot, *m.* fluct-us, ûs. *m. Etre accablé par les* —, fluctibus obru-i, or, eris, t-us sum.

Fiction, *f.* comment-um, i. *n. Tirer une* —, comment-um fing-ere, o, is, finx-i, fict-um.

Fidèle, fid-us, a, um. *g. i.* fidel-is, is, e. *g.* is,

Fidèlement, fideliter. *adv.*

Fidélité, *f.* fidelita-s, tis. *f.*

Fièrement, superbè. *adv.*

Fièvre, febr-is, is. *f.* Sa *fièvre a duré*, febris eum extorruit.

Fil, *m.* fil-um, i. *n. Reprenons le fil de notre entretien*, eò undè digressi eramus revertamur. *m. à m. Retournons là d'où nous étions partis*.

Filer, n-ere, eo, es, ev-i, et-um. *n.*

Filet, *m.* ret-e, is. *n.* retia. *plur.*

Fille, *f.* fili-a, æ. *f.* dat. et abl. *plur.* filiabus.

Fils, *m.* fili-us, ii, *m.*

Fin, *f.* fin-is, is. *f.* La — *du monde*, supremum rerum omnium temp-us, oris. *n.*

Fin (*délié*), tenu-is, is, e. *g.* is.

Fixe (*être*), man-ere, eo, es, s-i, s-um.

Fixer, sist-ere, o, is, stit-i, stit-um.

Fois (*une*), semel. *Deux* —, bis. *Trois*—, ter. *adv. Tant de* —, toties. *Toutes les* — *que*, quotiescunque.

Folie, *f.* stultiti-a, æ. *f.*

Fonctions, *f.* muni-a, orum. *n. plur. Remplir les* —, munia expl-ere, eo, es, ev-i, et-um.

Fond (*à*), penitùs. *adv.*

Force, *f.* v-is, is. *f.* rob-ur, oris. *n.*

Forcer, cog-ere, o, is, coeg-i, coactum. *acc.* — *de se rendre*, ad deditionem cogere.

Forét, *f.* sylv-a, æ. *f.* nem-us, oris. *n.*

Forgeron, *m.* ferrarius faber, ri. *m.*

Fortune, *f.* fortun-a, æ. *f. bonne* —, res secund-æ, arum. *plur. f.*

Fou, insan-us, a, um. *g.* i. desipien-s, tis. *m.*

Foudre, *f.* fulm-en, inis. *n.*

Foule, *f.* turba, æ. *f.*

Fourmi, *f.* formic-a, æ. *f.*

Fournir, suppedit-are, o, as, av-i, at-um. *acc.*

Fraîcheur, *f.* frig-us, oris. *n.*

Franc (*monnaie*), *m.* libr-a francic-a. *g.* æ. *f.*

Français (*les*), *m. plur.* Gal-li, orum. *m. plur.*

France, *f.* Galli-a, æ. *f. Français*, Gall-us, i. *m.*

Frapper, verber-are, o, as, av-i, at-um. *acc.* percutere, io, is, percuss-i, um. *acc. Se* —, se percutere. fer-ire, io, is.

Frère, *m.* frat-er, ris. *m.*

Frénésie, *f.* furor, is. *m.*

Friandises, *f.* b-llari-a, orum. *n. plur.*

Frimats, *m.* pruin-æ, arum. *f. plur.*

Froid, *m.* frig-us, oris. *n. Avoir* —, frig-ere, eo, es, u-i. *n.*

Froid, frigid-us, a, um. *g.* i.

Frontière, *f.* fin-is, is. *m. f.*

Fruit, *m.* fruct-ûs, ûs. *m.*

Fuir, fug-ere, io, is, i, it-um. *acc.*

Fuite, *f.* fug-a, æ. *f. Mettre en* —, in fugam vert-ere,

c, is, i, vers-um. *acc.* fug-
are, o, as, av-i, at-um. *acc.*
Funeste, funest-us, a, um. g.
i. acerb-us, a, um. g. i.
Fureur, *f.* (*passion violente*),
insani-a, æ. *f.* furor, is. *m.*
Furieux, furens, d. t. g.
tis. furibund-us, a, um.
g. i.
Fusil, *m.* (*arme*) ferrea fis-
tula longior (*les trois mots
se déclinent*). *m. à m. un
long tuyau de fer.*
Fuyard, fugien-s, d. t. g.
tis. fuga-x, d. t. g. cis.

G.

Gages (*salaire*), *m. plur.*
merce-s, dis. *f.*
Gai, hilar-is, is, e. g. is.
plus — que de coutume,
solitò hilari-r.
Gaieté, *f.* hilarit-as, at-is. *f.*
Garder, custod-ire, io, is,
iv-i, it-um. *acc.*
Gardien, *m.* custo-s, dis.
m.
Garnement, *m.* nebulo, n-is.
m.
Gâteau, *m.* placent-a, æ. *f.*
Gassion, *m.* (*général*), Gas-
sio, n-is. *m.*
Général, *m.* du-x, cis. *m.*
Généreux, generos-us, a, um.
g. i.
Génisse, *f.* juvenc-a, æ. *f.*
Gens, *m. plur.* homin-es, um.
m. plur. Certaines —, quidam. *plur. Jeunes —*, ado-
lescent-es, um. *m. plur.*
*— de bien ou honnêtes
gens*, viri probi, g. viror-
um probor-um. *Braves —*,
bon-i, orum. *m. plur.*
Géographie, *f.* geographi-a,
æ. *f.*

Gibet, *m.* patibul-um, i
n.
Glisser (*se*), se insinu-are,
o, as, av-i, at um. (*dans*)
in. *acc.*
Gloire, *f.* glori-a, æ. *f.*
lau-s, dis. *f.*
Glorieux, glorios-us, a, um.
g. i.
Glorifier (*se*), glori-ari, or,
aris, at-us sum. *dép.* (*de
qq. ch.*) abl.
Gourmand, gul-æ dedit-us,
a, um. g. i.
Gourmander, objurg-are, o,
as, avi, atum. *acc.*
Gourmandise, *f.* gul-a, æ.
f.
Goût, *m.* (*qui a du —pour*),
studios-us, a, um. g. i.
De bon — , elegan-s ,
d- t. g. tis.
Gouverner, gubern-are, o,
as, av-i, at-um. *acc.*
Grâce, *f.* benefici-um, i. *n.*
Grâces (*rendre*), gratias ag-
ere, o, is, eg-i, actum.
Grain, *m.* gran-um, i. *n.*
Grammaire, *f.* grammatic-a,
æ. *ou* grammatic-e, es.
f.
Grand, magn-us, a, um. g.
i; ingen-s, d. t. g. tis.
præstan-s, d. t. g. tis.
Grande dépense, ingens
sumpt-ûs. *m.*
Gravité, *f.* gravita-s, tis. *f.*
Gré (*de bon*), libenter. *a lv.*
Grèce, *f.* Græci-a, æ. *f.*
Grecs (*les*), *m.* Græc-i, orum.
m. plur.
Grêle, *f.* grand-o, inis.
f.
Grille, *f.* clathr-us, i. *m. et*
clathr-um, i. *n.*
Gronder, increp-are, o, as,
u-i, it-um. *acc.*

Grossier (*ignorant*), rud-is, is, e. *g.* is.

Guenon, *f.* simi-a, æ. *f.*

Guère, parùm; minimè; non multùm. *adv.*

Guérir, san-are, , as, av-i, at-um. *acc.*

Guerre, *f.* bell-um, i. *n.*

Guerrier, *m.* bellator, oris. *m.*

Guetter, asserv-are, o, as, av-i, at-um.

Guide, *m.* du-x, cis. *m. f.*

Guirlande, *f.* vincul-um, i. *n.* sert-um, i. *n.*

H.

Habile, perit-us, a, um. *g.* i.

Habileté, *f.* periti-a, æ. *f.*

Habit, *m.* vest-is, is. *f.*

Habitant, *m.* incol-a, æ. *m.* — *d'une ville*, civ-is, is. *m.*

Habiter, incol-ere, o, is, u-i, incult-um. *acc.*

Habitude, *f.* consuetud-o, inis. *f. Habitude*, *f. pl.* mor-es, um. *m. plur.*

Háillon, *m.* cento, n-is. *m.*

Haine, *f.* odi-um, i. *n.*

Hanneton, *m.* scarabe-us stridul-us. *g.* i. *m.*

Hambourg, *m.* (*ville d'Allem.*) Hamburg-um, i. *n.*

Hardes, *f. plur.* sarcinul-æ, arum. *f. plur.*

Hardiment, audacter, *adv.*

Harmonieux, canor-us, a, um. *sans comp. ni superl.*

Haut, alt-us, a, um. *g.* i.

Hélas! heu; eheus. *interj.*

Héraclite, *m.* Heraclit-us, i. *m.*

Héritage, *m.* hæredita-s, tis. *f. Petit*—, hæredi-um, i. *n.*

Hériter (*de q. q.*), alicujus hæreditat-em ad-ire, eo, is, ii, *ou* iv-i, it-um.

Héros, *m.* hero-s, is. *m. acc. sing.* em, *ou* a. *acc. plur.* es, *ou* as.

Heure, *f.* hor-a, æ. *f. Une* — *et demie*, sesquihora. *Tout à l'* —, modò. *adv. De bonne* —, maturè. *adv.*

Heureux, feli-x, d. t. *g.* cis.

Hier, heri. *adv.*

Histoire, *f.* histori-a, æ. *f.*

Historien, *m.* historic-us, i. *m.*

Hiver, *m.* hiem-s, is. *f.*

Homard, *m.* astac-us, i. *m.*

Homère, *m.* Homer-us, i. *m.*

Homme, *m.* hom-o, inis. *m.* — (*de cœur*), vir, i. *m. Jeune*—, adolescen-s, tis. *m.*

Honnête, honest-us, a, um. *g.* i.

Honneur, *m.* honor, is. *m.* dec-us, oris. *n.* —! *excl.* lau-s, dis. *f. avec le dat.*

Honte, *f.* pudor, is. *masc. Avoir*—, pud-ere, et, uit. monop. (*de q. ch.*) *gén.*

Honteux, turp-is, is, e. *g.* is.

Horace, *m.* Horati-us, i. *m.*

Horrible, horribil-is, is, e. *g.* is; horrend-us, a, um. *g.* i; horrid-us, a, um. *g.* i.

Hôte, *m.* hosp-es, itis. *m.*

Humain, human-us, a, um. *g.* i.

Humeur, *f.* natur-a, æ. *f.*

Huit, octo. *indécl.*

Huitième, octav-us, a, um. *g.* i.

Hurlement, m. ululat-us, ûs. m.

Hymne, hymn-us, i. m.

I.

Ici, hîc. (*avec résidence*) hûc. (*avec iend.*) adv. — bas, his in terris.

Ignorance, ignoranti-a, æ. f. ; inscit-ia, æ. f.

Ignorer, ignor-are, o, as, av-i, at-um. n. ; nesc-ire, io, is, iv-i, it-um. n. acc. *Il ignore cela*, tournez, *cela le fuit*, fug-ere, io, it. *monop.* acc. fall-ere, o, it. *monop.* acc. ; præter-ire, eo, it. *monop.* acc.

Il, ille, a, ud. g. ius.

Illustre, illustr-is, is, e, g. is.

Imaginer (*inventer*), exco-git-are, o, as, av-i, at-um. acc. S' —, sibi in ani-mum induc-ere, o, is, indu-xi, ctum.

Immense, immens-us, a, um. g. i.

Immoler, immol-are, o, as, av-i, at-um. acc.

Immortel, immortal-is, is, e. g. is.

Impardonnable, (*digne d'au-cun pardon*), nullâ ve-niâ dign-us, a, um. g. i.

Impie, impi-us, a, um. g. i.

Impiété, f. impieta-s, tis. f.

Implorer, implorare, o, as, av-i, at-um. acc.

Important (*d'une grande importance*), magni mo-menti, gravis, is, e. g. is.

Importer, refer-re, o, s, retul-i, relat-um. *Il impor-te*, refert, interest. gén. (*à*)

avec un nom de chose ina-nimée, ad. acc.

Importun, molest-us, a, um, g. i. *Etre* — à q. q. esse molestus. dat.

Impôt, m. tributum, i, n. Lever des —, tributa exig-ere, o, is, exeg-i, exact-um.

Imprudent, impruden-s, d. t. g. tis.

Inaltérable, since-rus, a, um. g. i.

Inappréciable, inæstimabi-lis, is, e. g. is. *Cela est* —, hoc pretium non habet. m. à m. cela n'a pas de prix.

Incendie, m. incendi-um, i. n.

Incendié, incens-us, a, um. g. i.

Incommoder (q. q.), esse gravis alicui.

Incontestablement, sine ullâ controversiâ.

Indignation, f. indignatio, n-is. f.

Indigne, indign-us, a, um. g. i. abl.

Indigné, indignan-s, d. t. g. tis. (*supportant avec indignation*), indignè fe-rens. acc.

Indignement, indignè. adv.

Indigent, inops-s, is; egen-s, d. t. g. tis.

Indocile, indocil-is, is, e. g. is.

Indulgence, f. indulgenti-a, æ. f.

Indulgent, indulgen-s. d. t. g. tis.

Industrieux, industrius, a, um. g. i. *sans comp.* ni *superl.*

Informer, certiorem fac-ere, io, is, fec-i, fact-um. (q. q.) acc. (*de q. ch.*). gén.

* F

Ingénieux, ingeniosus, a, um. g. i.

Ingrat, ingrat-us, a, um. g. i.

Inhumain, inhuman-us, a, um. g. i.

Inhumanité, f. inhumanita-s, tis. f.

Injure, f. injuri-a, æ. f.

Injurier, contumeliis lacessere, o, is, iv-i., it-um. probris oner-are, o, as, av-i, at-um.

Injustice, f. injustiti-a, æ. f.

Inonder, inund-are, o, as, av-i, at-um. acc.

Innocent, innocen-s. d. i. g. tis.

Inquiéter peu (s'), parùm curare, o, as, av-i, at-um. acc.

Insecte, m. insect-um, i. n. (*chenille*), eruc-a, æ.

Insensé. insan-us, a, um. g. i; desipien-s, d. i. g. tis; demen-s, d. i. g. tis.

Insensiblement, sensim. adv.

Insigne, insign-is, is, e. g. is.

Insolent, arrogan-s, d. i. g. tis. insolens, d. i. g. tis. proterv-us, a, um. g. i.

Instituteur, m. institutor, is. m.

Instruction, f. doctrin-a, æ. f.

Instruire, doc-ere, eo, es, u-i, t-um. (q.q.) acc. sur q. ch. acc. edocere. comp.

Instrument, m. instrument-um, i. n.

Insulter, insult-are, o, as, av-i, at-um. n. dat. ou acc.

Interdire, interdic-ere, o, is, interdix-i. interdict-um. n. (q. ch.) abl. (à q. q.) dat.

Intelligence, f. perspicacita-s, tis. f.

Intempérance, f. intemperanti-a, æ. f.

Intenté (contre), illat-us, a, um. g. i. dat.

Intérêt (usure), m. fœn-us, oris. n. commod-um, i. n. Avoir —, inter-esse, est. J'ai —, meâ interest.

Interroger, interrog-are, o, as, av-i, at-um. acc.

Intrépide, impavid-us, a, um. g. i.

Introduire (s'), sese introduc-ere, o, is, introdux-i, introduct-um. (*dans*) in. acc.

Inviter, invit-are, o, as, av-i, at-um. acc. (à) ad. acc.

Inutile, inutil-is, is, e. g. is. inan-is, is, e. g. is. Devenir —, nihil proficere, io, is, profec-i, profectum.

Irrité, iufens-us, a, um, g. i. irat-us, a, um, g. i. (*contre*) dat.

Isle, f. insul-a, æ. f.

Italie, f. Itali-a, æ. f.

Ivre, ebri-us, a, um. g. i.

Ivrognerie, f. ebrieta-s, tis. f.

J.

Jamais, sans négation, unquàm, adv.; avec négation, nunquàm. adv.

Janus, m. Jan-us, i. m.

Jardin, m. hortus, i. m.

Jardinier, m. olitor, is. m. hortulan-us, i. m.

Jaune, flavus, a, um, g. i.

Jésus-Christ, Jesus-Christus; gén. Jesus-Christi. m.

Jeter, jac-ere, io, is, jec-i, jact-um. *acc.* ; projic-ere, io, is, projec-i, t-um. *acc.* — *en prison*, in carcerem *ou* in vincula conjic-ere, io, is, conjec-i, t-um. *acc.*

Jeu, *m.* lud-us, i. *m.*

Jeune, juven-is, is, e, *g.* is. (*le comparatif* junior *s'emploie ordinairement pour le positif* juvenis.) *Jeune homme*, (Voyez *homme*). *Jeunes gens*, (voy. *gens*). — *garçon*, puer, i. *m.* — *fille*, puell-a, æ. *f.*

Jeunesse, *f.* juventu-s, tis. *f.*

Joie, *f.* gaudi-um, i. *n.* ; lætiti-a, æ. *f.* ; alacrita-s, tis. *fém.* ; volupta-s, tis. *fém.*

Joigni, *m.* (*ville de France*) Jovinian-um, i. *n.*

Joli, concin-nus, a, um, *g.* i.

Jonc, *m.* junc-us, i. De —, juncin-us, a, um, *g.* i.

Jouer, lud-ere, o, is, lus-i, um. *n.*

Joug, *m.* jug-um, i. *n.* Mettre sous le —, sub jugum mitt-ere, o, is, mis-i, miss-um.

Jouir, fru-i, or, eris, fruitus sum. *dép.* (*de*) *abl.*

Joujoux, *m. plur.* crepundi-a, orum. *n. plur.*

Jour, *m.* die-s, i. *f.* Un —, olim ; aliquandò. *adv.* die quâdam. *Tous les* —, quotidiè. *adv.* *Au dernier* —, die ultimâ. *Un autre* —, propediem. *adv.*

Joyeux, læt-us, a, um, *g.* i.

Juge, *m.* jud-ex, icis. *m.*

Jugement, *m.* suffragi-um, i. *n.* ; judici-um, i. *n.*

Juger, judic-arè, o, as, av-i, at-um. *acc.* — *de*, augur-ari, or, aris, at-us sum. *acc.*

Junon, *f.* Juno, n-is *f.*

Jupiter, *m.* Jupiter, Jov-is, *m.*

Jusqu'à ce que donec ; dùm ; quandiù. *conj. veulent le subjonctif.*

Jusque, usque, *acc.* — *à quand ?* quousque ?

Juste, just-us, a, um. *g.* i. æqu-us, a, um. *g.* i.

Justement (*avec justice*), haud immeritò. *adv.*

Justice, *f.* justiti-a, æ. *f.*

K

Kempten (*ville de Souabe*), *m.* Campidon-a, æ. *f.*

L.

Là, (*avec résidence*), ibi. *adv.* (*avec tendance*), eò. *adv.* De là, indè. *adv.* avec un nom de temps ou de distance, abhinc.

Laboureur, *m.* agricol-a, æ. *f.*

Lac, *m.* lac-us, ûs. *m.*

Lâche, ignav-us, a, um, *g.* i.

Laid, deform-is, is, e, *g.* is.

Laine, *f.* lan-a, æ. *f.* ; de —, lane-us, a, um. *g.* i.

Laisser, relinqu-ere, o, is, reliqu-i, relict-um. *acc.*

Lamentable, lamentabil-is, is, e. *g.* is.

Lamenter (*se*), lament-ari, or, ari, at-us sum. *dép.*

Lampe, *fém.* lucern-a, æ. *f.*

Lancer, emitt-ere, o, is, emis-i, s-um. *acc.*

Langue, *f.* lin-gu-a, æ. *f.*

Languir, elangu-ere, eo, es, i. *n.*

Large, lat-us, a, um. *g.* i.

Largement, larg-è, iùs, issi-mè. *adv.* *Un peu trop* —, paulò largiùs.

Lasser (se), fatig-ari, or, aris, at-us sum. *avec l'inf.* de, tournez, *en,* in *avec le gérondif. en* do. —, tæd-ere, et, uit. *monop.* (*de q. ch.*) *gén.*

Latin, latin-us, a, um. *g.* i.

Latium, *m.* Lati-um, i. *n.*

Le, la, *les*, *devant un verbe sont toujours pronoms et se tournent par lui, elle; eux, elles; à lui, à elle; à eux, à elles.* is, ea, id. *g.* ejus. ille, illa, illud. *g.* illius. hic, hæc, hoc. *gén.* hujus.

Leçon (*qu'on apprend par cœur*), *f.* ediscend-a, orum. *plur. n.*

Lecteur, *m.* lector, is. *m.*

Lecture, *f.* lectio, n-is. *f.*

Léger, lev-is, is. e. *g.* is.

Lendemain (le.), postridiè, *adv. gén. ou acc.* postri-duò, *adv.* posterâ die.

Léopard, *masc.* pard-us, i. *m.*

Lequel, laquelle, qui, quæ, quod. *g.* cuj-us.

Lettre, *f.* epistol-a, æ. *f.*

Leur, (*pron. possessif*), su-us, a, um. *g.* i. *Devant un verbe se tourne par à eux, à elles*, is, ea, id. *g.* ejus.

Lever, attoll-ere, o, is. *acc.* — *les yeux*, oculos attollere.—*des impôts*, trib-uta, exig-ere, o, is, exeg-i, exac-t-um.

Liberté, *f.* (*pouvoir*), facul-ta-s, tis. *f.*

Lié (*être*) *avec q. q.*, aliquo familiariter ut-i, or, eris, us-us sum. *dép.*

Lier, voy. *Amitié.*

Lieu, *m.* loc-us, i. *m.* (*plur.* loc-a, orum. *n.*) *En quelque* —, voy. *les adv. des questions de lieu.* —*de se repentir*, pœnitendi locus.

Lièvre, *m.* lep-us, oris. *m.*

Lion, *m.* leo, n-is. *m.*

Lionne, *f.* læe-na, æ. *f.*

Lire, leg-ere, o, is, i, lect-um. *acc.*

Lisières, *f. plur.* fasci-æ, arum. *f. plur.*

Lisieux, *m.* (*ville de France*) Lexovi-um, i. *n.*

Livre, lib-er, i. *m.*

Livrer (se) à, se trad-ere, o, is, id-i, it-um. *dat.*

Logis, *m.* dom-us, i. *ou* ûs. *f.*

Long, long-us, a, um. *g.* i. — *temps*, diù-tiùs, tissi-mè. *adv. Depuis* — *temps*, jàm pridem, jàm dudum. *adv.*

Loin, longè. *adv. Un peu plus* —, paulò longiùs.

Louange, *f.* lau-s, dis. *f.* *Combler de* —, summis laudibus oner-are, o, as, av-i, at-um. *acc.*

Louer, laud-are, o, as, av-i, at-um. *acc.*

Louis, *m.* Ludovic-us, i. *m.* — *douze*, Ludovicus duo-decimus.

Loup, *m.* lup-us, i. *m.*

Lorsque, quùm. *conj. ne veut le subj. que devant l'imparfait.*

Lucullus, *m.* Lucull-us, i. *m.*

Lui, is, ea, id, *g.* ejus, ill-e, a, d, *g.* ius.

Lumière, *f.* lum-en, inis. *n.*
Jeter de la —, lumen *ou*
lucem emitt-ere, o, is,
emis-i, sum.

Luxe, *m.* lux-us, ûs. *m.*

Lyon (*ville de France*), Lug-
dun-um, i. *n.*

Lyre, *f.* testud-o ; in-is.
f.

M.

Magasin, *m.* horre-um, i.
n.

Magistrat ; *m.* magistrat-us,
ûs. *m.*

Magnifique, magnific-us, a,
um. g. i.

Mai, *m.* mensis mai-us, i. *m.*

Maigre, mac-er, ra, rum.
g. ri.

Main, *f.* man-us, ûs. *f.*
De sa propre —, manu
suâ.

Maintenant, nunc. *adv.*

Mais, sed ; verùm ; verò.
conj.

Maison, *f.* dom-us, i. *ou*
ûs. *f.* A la —, domi.

Maître, *m.* (*qui enseigne*),
præceptor. is. *m.* magist-er,
ri. *m.* Un bon —, haud
pœnitendus magister. —
(*de maison*), domin-us, i.
m. her-us, i. *m.* Du —,
heril-is, is, e, g. is.

Majesté, *f.* majesta-s, tis.
f.

Mal, mal-um, i. *n.* Faire
du —, noc-ere, eo, es, u-i,
it-um. (*à q. q.*) *dat.*

Mal, malè. *adv*

Malade, ægrot-us, a, um,
g. i. Tomber —, in morbum
incid-ere, o, is, i, in cas-
sum. Etre —, ægrot-are,
o, as, av-i, at-um. *n.*

Maladie, *f.* morb us, i. *m.*
Faire une —, morbo con-

flict-ari, or, aris, at-us
sum. *Sa — avait duré*,
morbus eum tenuerat. *Sa
— ne durera que*, morbo
tantùm laborabit.

Malgré (*devant un nom de
personne*), invict-us, a, um
g. i. *que l'on fait accorder avec le nom.*

Malheur, *m.* calamita-s, atis.
f. infortuni-um, i. *n.* —
à ! væ ! *exclam. dat.*

Malheureux, miser, a, um.
g. i. infeli-x, d. t. g. cis.

Manière, *f.* mod-us, i. *m.*
De cette —, hoc modo. —
d'agir, agendi modus.

Manières, *f. plur.* mor-es,
um. *plur. m.*

Manque, (*qui*), exper-s. d. t.
g, tis. gén.

Manquer (*à*), de-esse, sum,
es, fui. *dat.* —, (*être privé
de*), car-ere, eo, es, u-i. *n.*
abl.

Manteau, *m.* palli-um, i. *n.*

Mantes, *f.* (*ville de France*),
Medunt-a, æ. *f.*

Maraud, *m.* balatro, n-is. *m.*

Marbre, *m.* marmor, is. *n.*
De —, marmoreus, a, um.
g. i.

Marche, *f.* it-er, in-eris. *n.*

Marcher, inced-ere, o, is,
incess-i, um.

Maréchal m. (*dignité*), ma-
rescall-us, i. *m.*

Mari, *m.* conju-x, gis. *m.*
marit-us, i. *m.*

Marier (*se*), uxorem duc-ere,
o, is, dux-i, duct-um.

Marmot, *m.* pusio, n-is. *m.*

Marmotter (*entre ses dents*),
secum murmurill-are, o,
as.

Martin, Martin-us, i. *m.*

Matière, *f.* materi-a, æ. *f.*

Matin (*le*), manè. *adv.* Du

—, matutin-us, a, um. g. i.

Maudit, detestabil-is, is, e. g. is, maledict-us, a, um. g. i.

Mauvais, prav-us, a, um. g. i.

Méchant, improb-us, a, um. g. i. vir improbus; mal-us, a, um. g. i. *comp.* pejor, is. *superl.* pessim-us, a, um. g. i.

Méchanceté, f. improbita-s, tis. *f.*

Médecin, m. medic-us, i. *m.*

Médecine, f. medicin a, æ. *f.*

Mégarde (par), impruden-ter. *adv.*

Meilleur, melior, ius. g. is. *Le —,* optimus.

Mélancolique, melancolic-us, a, um. g. i.

Mélibée, m. Melibe-us, i. *m.*

Melun, m. (ville de France), Melodun-um, i. *n.*

Même, etiàm, *adv. Et —,* imò.

Même (le), idem, eadem, idem. g. ejusdem. *Lui —,* ips-e, a, um. g. ius. *En — temps,* simùl. *adv. De — que,* ut, *veut l'indic.*

Mémoire, f. memori-a, æ. *f.*

Memphis (ville d'Egypte), Memph-is, is. g. is. *f.*

Menacer, min-ari, or, aris, at-us sum. *dép. (q. q.) dat. (de q. ch.) acc. — (en parlant des choses),* immin-ere, eo, es, ui. *n. dat.*

Ménager, parc-ere, o, is, pe-perc-i, parcit-um. *n. dat.* indulg-ere, eo, es, induls-i. *(q. q.) dat.*

Mener, duc-ere, o, is, dux-i, duct-um. *acc. (à ou vers),* ad *ou* in. *acc. — une vie,* vitam deg-ere, o, is, i.

Mensonge, mendaci-um, i. *n.*

Mentir, ment-iri, ior, iris, it-us sum. *dép.*

Méprisé, despect-us, a, um. g. i.

Mépriser, contemn-ere, o, is, contemps-i, contempt-um. *acc.* aspern-ari, or, aris, at-us sum. *dép. acc.*

Mer, mare, is. *n. La pleine —,* alt-um, i. *Etre en pleine —,* altum ten-ere, eo, es, u-i, t-um.

Mère, f. mat-er, ris. *f.* ge-nitri-x, cis. *f.*

Mérite, m. doctrin a, æ. *f.*

Merle, m. merul-a, æ. *f.*

Messieurs, m. optimi ado-lescentes.

Mets, m. cib-us, i. *m.*

Mettre (au monde), in lu-cem ed-ere, o, is, id-i, it-um. *acc.*

Meunier, m. pistrinari-us, i. *m.*

Midi, m. meridie-s, i. *m.*

Mien (le), meus, a, um. g. i.

Milieu, medi-us, a, um. g. i. *s'accorde avec le nom.*

Mille, mille. *indécl.* milli-a, um. *plur. n. Deux —,* bis mille *ou* duo millia. *Pour la date des années,* mil, millesim-us, a, um. g. i.

Mine, f. fodin-a, æ. *f.*

Misère, f. calamita-s, tis. *f.;* miseri-a, æ. *f.*

Miséricorde, f. misericor-di-a, æ. *f.*

Mobilité, f. mobilita-s, tis. *f.*

Modération, *f.* moderatio, n-is. *f.*

Modéré, moderat-us, a, um. g. i.

Modérer, coerc-ere, eo, es, u-i, it-um. *acc.*; reprim-ere, o, is, repress-i, um. *acc.*

Moderne, recens, d. t. g tis.

Moi, ego, mei, mihi, me. *pron. de la prem. pers.*

Mois, *m.* mens-is, is. *m.*

Moisson, *f.* mess-is, is. *f.*

Moissonner, met-ere, o, is, messu-i, mess um. *acc.*

Mol ou *mou*, moll-is, is, e. g. is.

Moldavie, *f.* Moldavi-a, æ. *f.*

Molière, *m.* Molierus, i. *m.*

Moment (*un*), paulisper. *adv.*

Mon, me-us, a, um. g. i.

Monarque, *m.* re x, gis. *m.*; princ-eps, ipis. *m.*

Monde, *m* mund-us, i. *m.* *En quel lieu du* — ? ubi terrarum ?

Moins, minus. *adv. Du* —, saltem. *adv.*

Monsieur, *m.* domine. *voc.*

Monstre, *m.* monstr-um, i. *n.*

Mont, *m.* mon-s, tis. *m.* *Promettre monts et merveilles*, montes et maria pollic-eri, eor, eris, it-us sum. *dép.*

Montagne, *f.* mon s, tis. *m.*

Montrer, exhib-ere, eo, es, u-i, it-um; ostend-ere, o, is, i, ostens-um. *acc.* (*à q. q.*) *dat. Se* —, se præb-ere, eo, es, u-i, it-um. — *les dents*, min-ari dentes. — (*découvrir*), nud-

are, o, as, av-i, at-um. *acc.*

Moquer (*se*), irrid-ere, eo, es, irris-i, um. *acc.*

Mort, *f.* mor-s, tis. *f.*; leth-um, i. *n.*; exit-us, ûs. *m.*; exiti-um, i. *n.* — *violente*, ne-x, cis. *f. Donner la* —, letho permitt-ere, o, is, permis-i, sum. *De* —, lethal-is, is, e. g. is.

Mortel, mortal-is, is, e. g. is. —, (*qui donne la mort*), lethal-is, is, e. g. is.

Mouche, *f.* musc-a, æ. *f.*

Moulin, *m.* moletrin-a, æ. *f.*

Mourir, mor-i, ior, eris, tu-us sum. *dép.*; decedere, o, is, decess-i, um.

Mouton, *m.* verve-x, cis. *m.*; ov-is, is. *f.*

Munich (*ville de Bavière*) Monachi-um, i. *n.*

Mur, *m.* mur-us, i. *m.*

Murmurer, mussit-are, o, as, av-i, at-um. *n.*

Musicien, *m.* music-us, i. *m.*

Musique, *f.* music-e, es. *f.*

Mutin, pervica-x, d. t. g cis.

Mythologique, mythologic-us, a, um. g. i.

N.

Nager (*vers*), adn-are, o, as, av-i, at-um. *dat.*

Naissance, *f.* ort-us, ûs. *m.*

Naître, nasc-i, or, eris, at-us sum. *dép.*

Nation, *f.* gen-s, tis. *f.*

Nature, *f.* natur-a, æ. *f.*; gen-us, eris. *n.*

Naturel, *m.* indole-s, is. *f.*
Bon—, egregi-a indoles.
Naturellement, naturà. *adv.*
Ne... pas, *ne... point*, non,
ou baud. *adv.* (*avec interrog.*) an non *ou* nonne.
Ne... que, solùm; tantùm;
tantummodò. *adv. tourn.
par* seulement.
Né, nat-us, a, um. *g.* i.
part. de nascor. — *pour*,
natus ad. *acc.*
Néanmoins, attamen; ni-
hilominùs; verumtamen.
conj.
Nécessaire, necessari-us, a,
um. *g.* i. *sans comp. ni
superl.*
Nécessité, *f.* necessita-s, t-is.
f.
Négligence, *f.* negligenti-
a, æ. *f.*
Négligent, negligen-s, *d. t.
g.* tis.; indiligen-s, *d. t.
g.* tis.
Neptune, *m.* Neptun-us, i.
m.
Neveu, *m.* nepo-s, tis. *m.*
— (*descendans*), nepot-
es, um. *m. plur.*
Neuf, novem, *indécl.*; *neu-
vième*, non-us, a, um.
g. i.
Ni, nec; neque. *conj.* —
l'un, — *l'autre*, neut-er,
ra, rum. *g.* rius.
Nid, *m.* nid-us, i. *m.*
Nier, neg-arc, o, as, av-i,
at-um.
Noir, nig-er, r-a, um. *g.* i;
at-er, r-a, um. *g.* i.
Nom, *m.* nom-en, inis. *n.*
Porter un —, nomen hab-
re, eo, es, u-i, it-um.
Nombre, *m.* numer-us, i.
m.
Nombreux, numeros-us, a,

um. *g.* i. *Etre plus*—, nu-
mero super-are, o, as,
av-i, at-um. *acc.*
Nommer, nomin-are, o, as,
av-i, at-um. *Se* —, no-
min-ari, or, aris, atus
sum; voc-ari, or, aris,
at-us sum. *pass.*
Noble, nobil-is, is, e. *g.*
is.
Non, non; minimè. *adv.*
Nonchalance, *f.* inerti-a,
æ; ignavi-a, æ. *f.*
Normandie, *f.* Normanni-
a, æ. *f.*
Notre, nost-er, r-a, um. *g.*
i. *plur.* nos, nostr-i, æ,
a. *g.* orum.
Nourrir (*se*), vesc-i, or,
eris. *dép. abl.*
Nourriture, *f.* cib-us, i.
m. Bonne —, cibi valen-
tissimi. *m. plur.*
Nous, nos, *g.* nostrûm *ou*
nostri.
Nouveau, *elle*, recen-s, *d.
t. g.* tis.
Nouvellement, recens. *adv.*
Nullement, minimè. *adv.*
nequaquàm. *adv.*
Nuire, noc-ere, eo, es,
u-i, it-um. *n. dat.*; ob-
esse, sum, es, fu-i. *n. dat.*
Nuisible, nocen-s, *d. t. g.*
tis.
Nuit, no-x, ctis. *f.* — *et
jour*, noctù diùque. *adv.*;
indesinenter. *adv. Pen-
dant la* —, per noctem;
nocta; de nocte.

O.

Obstination, *f.* pervicaci-a,
æ. *f.*
Obstiné, obstinat-us, a, um.
g. i.

Obtenir, impetr-are, o, as, av-i, at-um. (*q. ch.*) *acc.* (*de q. q.*) ab, *abl.*

Occasion, *f.* occasio, n-is. *f.* *Une bonne* —, opportuna occasio.

Odeur, *f.* odor, is. *m.*

Odieux, odios-us, a, um. g. i.

OEil, *m. yeux, plur.* ocul-us, i. *m.*

OEillet, *m.* caryophillus, i. *m.*

OEuvres, voy. *Ouvrage*.

Offense, injuri-a, æ. — *faite à q.q.* injuria illata. *dat.*

Office (*bon*), *m.* officium, i. *n.* — *de cuisine*, cella vasaria, g. cellæ vasariæ. *f.*

Officier, *m.* (*d'armée*), militum præfect-us, i. *m.*; exercitûs princ-eps, ipis. *m.*; du-x, cis. *m.*

Offrir, offer-re, o, s, obtul-i, oblat-um. *acc.*; propon-ere, o, is, proposu-i, it-um. *acc.* S' —, se offer-re.

Oiseau, *m.* av-is, is. *f.*

Oisiveté, *f.* oti-um, i. *n.*

Ombrage, *m.* umbracul-um, i. *n.*

Oncle, *m.* avuncul-us, i. *m.*

Onze, undecim. *indécl.* *onzième*, undecim-us, a, um. g. i.

Opiniâtre, improb-us, a, um. g. i.

Opiniâtreté, *f.* pertinaci-a, æ. *f.*

Opprimer, opprim-ere, o, is, oppress-i, um. *acc.*

Or, *m.* aurum, i. *n.* D' —, aure-us, a, um. g. i.

Or, porrò. *conj.*

Oranger, *m.* mal-um aure-um. g. i. *n.*

Orateur, *m.* orator, is. *m.*

Orbilius, *m.* Orbili-us, i. *m.*

Ordinairement, persæpè. *adv.*

Ordonner, jub-ere, eo, es, juss-i, um.

Ordre,m. (*commandement*), juss-um, i. *n.* *et* juss-us, ûs. *m.* *Recevoir*—, jub-eri, eor, eris, juss-us sum. *pass. inf.*—mandat um, i. *n. par son* —, illius jussu.

Oreilles, *f. plur.* aur-es, ium. *f. plur.*

Orge, *f.* horde-um, i. *n.*

Orgueil, *m.* superbi-a, æ. *f.*

Orgueilleusement, arroganter; superbè. *adv.*

Orgueilleux, superb-us, a, um. g. i.

Origine, *f.* origo, in-is. *f.*

Orléans, *m.* (*ville de France*) Aureli-a, æ. *f.*

Ornement, *m.* ornament-um, i. *n.*

Orner, orn-are, o, as, av-i, at-um. *acc.*

Orphée, *m.* Orphe-us, i, *et* os. *m.*

Oser, aud-ere, eo, es, ausus sum. *n.*

Ostracisme, *m.* ostracism-us, i. *m.*

Ou, aut. *conj.*

Où, *adv.* (*avec résidence*) ubi. (*avec tendance*) quò. *d'où*, undè, *par où*, quà.

Oublier, oblivisc-i, or, eris, oblit-us sum. *dép.* (*q.q.*) *gén. ou acc.*

Ourdir, mol-iri, ior, iris, it-us sum. — *une trame criminelle*, perfidum consilium moliri.

Ouvrage, *m.* op-us, eris. *n.*

Ouvrier, *m.* operari-us, i.

P.

Pacifier, pac-are, o, as, av-i, atum. *acc.*

Pain, *m.* pan-is, is. *m.*

Paisiblement, tranquillè. *adv.*

Palais, *m.* palati-um, i. *n.*

Papa, *m.* pappa-s, æ. *m.*

Papillon, *m.* papilio, n-is. *m.* al-es, it-is. *m.*

Par, per. *acc.* à *ou* ab, e. *ou* ex. *abl. prép.* — *là*, illàc; eà; *voy. les adv. de lieu.*

Paraître (*sembler*), videri, cor, eris, vis-us sum. *pas.* (à q. q.) *dat.*

Parcourir, lustr-are, o, as, av-i, at-um. *acc.* perlus-tro. *comp.* peragr-are, o, as, av-i, at-um.

Pardon, *m.* veni-a, æ. *f.*

Pardonner, parc-ere, o, is, peperc-i, parcit-um; ignoscere, o, is, ignov-i, ignot-um.

Parent, *m.* paren-s, tis. *m.*

Paresse, *f.* pigritia, æ. *f.* desidi-a, æ. *f.*

Paresseux, pig-er, ra, rum. g. ri. segn-is, is, e. g. is.

Parfum, *m.* unguent-um, i. *n.* — *délicat*, unguentum subtile. g. is.

Parler, loqu-i, or, eris, locut-us sum. *dép.* (à q. q.) cum aliquo (*de q. ch.*), de aliquâ re. — à q. q., alloqu-i, or, eris, cut-us sum. *acc.*

Parole, *f.* vo-x, cis. *f.* verb-um, i. *n. Belles* —, verba mollia. *plur. n.*

Part, *f.* par-s, tis. *f.*

Part (*nulle part*), nusquàm. *adv.*

Partir, proficisc-i, or, eris,

profect-us sum. *dép.* disced-ere, o, is, discess-i, um.

Partout, ubique. *adv.*

Parure, *f.* ornament-um, i. *n.* ornat-us, ûs; cult-us, ûs. *m.*

Pas, *m.* pass-us, ûs. *m.* grad-us, ûs. *m.*

Pas, *adv.* ne... pas. (*voyez* ne.)

Passant, trans-iens, d. t. g. euntis.

Passer, trans-ire, eo, is, ii, ou ivi, it-um. *sans prépos.* — *en*, trajic-ere, io, is, trajec-i, tum. *in acc.* — *par*, iter, fac-ere, io, is, fec-i, fact-um. per *acc.* — *pour*, hab-eri, eor, eris, it-us sum. — *au fil de l'épée*, ferro nec-are, o, as, u-i, ou av-i, t-um ou necat-um. — *quelques jours* (*rester*), aliquot diebus commor-ari, or, aris, at-us sum. (*chez q. q.*) apud aliquem. — *le temps* (*l'employer*), temp-us consum-ere, o, is, psi, consumpt-um. (à), *gér. en* do. — *des jours*, dies ag-ere, o, is, eg-i, act-um.

Paternel, patern-us, a, um. g. i.

Patience, *f.* patienti-a, æ. *f.*

Patrie, *f.* patri-a, æ. *f.*

Pate, *f.* pe-s, dis. *f.;* cru-s, ris. *n.*

Pâture, *f.* pabul-um, i. *n.*

Pauvre, paup-er. d. t. g. eris. — (*terme de compassion*), miser, a, um. g. i; misell-us, a, um. g. i.

Pays, *m.* regio, n-is. *f.*

Paysan, *m.* rustic-us, i. *m.*

Peau, *f.* pell-is, is. *f.*

Pêche, *f.* (*fruit*), mal-um
persic-um. g. i.
Péché, *m.* peccat-um, i. *n.*
Pécheur, *m.* piscator, is. *m.*
Peigne, *m.* pect-en, in-is.
n.
Peine, *f.* pœn-a, æ. *f.*
Peintre, *m.* pictor, is. *m.*
Pendant, per. *prép. acc.* —
que, dùm ; quùm. *subj.*
devant l'imp.
Pénétrant, eda-x, d. t. g. cis.
Pénétrer, penetr-are, o, as,
av-i, at-um.
Penser, cogit-are, o, as,
av-i, at-um.—*de*, de. *abl.;*
existim-are, o, as, av-i,
at-um ; put-are, o, as,
av-i, at-um.
Perdition, *f.* perditio, n-is.
f.
Perdre, amitt-ere, o, is,
amis-i, ssum. *acc.*
Perdrix, *f.* perdi-x. cis. *f.*
Père, *m.* pat-er, ris. *m.*
Perfide, perfid-us, a, um.
g. i.
Perfidie, *f.* perfidi-a, æ. *f.*
Permettre, permitt ere, o,
is, permis-i, sum. (*q.*
ch.) *acc.* (*à q. q.*) *dat.;*
sin-ere, o, is, iv-i, it-
um.
Permis (*être*), lic-ere, et,
uit. *dat. monop. Permis*,
fas. *Il est permis*, fas est.
Perpétuellement, perpetuò ;
indesinenter. *adv.*
Perroquet, *m.* psittac-us, i.
m.
Persévérance, *f.* constanti-
a, æ. *f.*
Personne, (*sans négation*)
hom-o, inis. *m.* — ne,
nem-o, inis. *m.* (*nemo est
composé de non et de ho-
mo.*) — (*aucun*), *sans
négation*, ull-us, a, um.

g. ius. *et*—, nec quisquàm.
Perte, *f.* jactur-a, æ. *f.* —
des *biens*, rei familiaris
naufragi-um , i. *n.* —,
(*mort*), exiti-um, i. *n.*
Petit, parv-us, a, um. g. i.
parvul-us, a, um. g. i.
dimin.
Pétulant, petulan-s. d. t. g.
tis.
Peu, parùm. *adv. Peu à peu*,
paulatìm. *adv.* —, *devant
un nom de choses qui se
comptent*, pauc-i, æ, a.
g. orum.— *de jours*, pau-
ci dies.
Peuple, *m.* popul-us, i. *m.*
Peur, *f.* pavor, is. *m.*
Peut-être, fortè ; fortassè.
adv.
Phare, *m.* phar-us, i. *f.*
Pharos, Phar-os, i. *f.*
Philosophe, *m.* philosoph-us,
i. *m.*
Philosopher, philosoph-ari,
or, aris, at-us sum. *dép.*
Pied (*mesure*), *m.* pe-s,
dis. *m. Avoir un demi-pied
de circonférence*, sesquipedem orbe collig-ere, o,
is, colleg-i, collect-um.
Pièce (*de monnaie*), *fém.*
numm-us, i. *m.* — *d'or*,
nummus aure-us, a, um.
g. i.
Pièces (*mettre en*), discer-
p-ere, o. is. s-i, tum. *acc.*
Piéges, *m. plur.* insidiæ,
arum. *f. Tendre des*—, in-
sidias compar-are, o, as,
av-i, at-um.
Pierre, *f.* lapi-s, idis. *m.*
Pieux, pi-us, a, um. g. i.
sans comp. ni superl.
Pillage, *m.* direptio, n-is. *f.*
Pin (*arbre*), *m.* pin-us, i.
et ûs. *f. au plur. nom. acc.
et voc. toujours* pinus.

Piquant, amar-us, a, um. g. i.

Piquer, pung-ere, o, is, punx-i *ou* pupug-i, punct-um. *acc.*

Pistolet, m. modi brevioris sclopet-us. g. i. *m.*

Pitié, misericordi-a, æ. *f. Avoir* —, miser-eri, eor, eris, t-us sum. (*dép. de q. q.*) g. *On dit aussi* miser-or, aris, at-us sum. *dép. ;* miseret, misert-um. *et* miserit-um est. *monop.* (*de*) *gén.*

Place, f. sed-es, is. *f.*

Placer, colloc-are, o, as, av-i, at-um. *acc.* — *des obstacles devant q. q.,* alicui progredienti impedimenta objic-ere, io, is, objec-i, t-um.

Plaindre, miser-ari, or, aris, at-us sum. *dép. acc. ;* dol-ere, eo, es, u-i, it-um. *acc.*

Plaire, plac-ere, eo, es, u-i, it-um. *n.* (*à q. q.*) *dat.* juv-are, o, as, i, jut-um. *acc. Se* —, delect-ari. *pass. Lucullus se plaisait à vivre,* Lucullus delectabatur gér. en do. ou tourn. *vivre plaisait à Lucullus.* Lucullum juvabat. *le verbe à l'inf. Il plaît,* libet. *monop.* (*à q. q.*) *dat.*

Plaise ou *plût à Dieu,* utinam. *subj.*

Plaisir, volupta-s, tis. *f. ;* gaudi-um, i. *n. Faire* —, juv-are, o, as, i, jut-um. *acc.* delect-are, o, as, av-i, at-um. *acc. J'ai beaucoup de plaisir,* multùm me juvat (*à*) *infin. Avec* —, libenter. *adv.*

Plante, f. plant-a, æ. *f.*

Plate-forme, f. summa pla-

nitie-s, i. *f. les deux mots se déclinent.*

Plein, plen-us, a, um. g. i. gén. et abl.

Pluie, f. pluvi-a, æ. *f.* imber, ris. *m.*

Plume, f. plum-a, æ. *f.*

Plupart (*la*), plerique, pleræque, pleraque. *plur.* g. plerorumque. *La* — *des hommes,* plerique homines. *La* — *du temps,* plerùmque. *adv.*

Plus (*davantage*), ampliùs. *adv.* voy. *les comparatifs.* magis ; plùs. gén. *adv.*

Plusieurs, plures, *m. et f.* plura. *neut.* g. plurium ; plurim-i, æ, a. g. orum.

Pluton, m. Pluto, n-is. *m.*

Plutôt, potiùs. *adv. Au* —, quàm primùm. *adv.*

Poche, f. perul-a, æ. *f. Tirer de sa* —, è perulâ deprom-ere, o, is, ps-i, deprompt-um. *acc.*

Poëme, m. poem-a, atis. *n.*

Poëte, m. poet-a, æ. *m.* vat-es, is. *m.*

Poids, m. pond-us, eris. *n.*

Poison, m. venen-um, i. *n.*

Poisson, m. pisc-is, is. *m.* —*de rivière,* piscis fluviatil-is, is, e. g. is.

Pommier, m. mal-us, i. *f.*

Pompier, m. (*celui qui élève l'eau avec une pompe*), qui aquam antliâ extollit.

Port, m. port-us, ûs. *dat. et abl. plur.* portubus.

Porte, f. for-es, ium. *f. pl. frapper à la* —, fores puls-are, o, as, av-i, at-um.

Porté (*enclin*), propens-us, a, um. g. i. (*à*) ad. *acc.* pron-us, a, um. g. i. ad. *acc.*

Porter, fer-re, o, s, tul-i,

lat-um. *acc.* ger-ere , o , is, gess-i , gest-um. *acc.*

Poser, depon-ere, o, is, de-pos-ui , it-um. — *à terre*, humi depon-ere.

Poste, *m.* statio, n-is. *f.*

Potion, *f.* potio, n-is. *f.* *Ordonner une* —, potio-nem præscrib-ere, o, is, prescrip-s-i, tum. *Prendre une—*, potionem sorb-ere, eo, es, u-i, sorpt-um.

Poule, *f.* gallin-a, æ. *f.*

Pour (*afin de*), ut *conj.* *veut le subj.* —, ad ; in ; ergà ; *prép.* *acc.* — *moi*, ego verò. — *causâ*, *avec le gén.*

Pourquoi, cur. *adv.* *interrog.*

Poursuivre (*continuer*), per-g-ere, o, is, perrex-i, per-rect-um. — (*courir après*), insequ-i, or, eris, insecut-us sum. *d.* *acc.*

Pourpre, purpur-a, æ *f.*

Pourtant, tamen. *conj.*

Pourvu que, dùm. *conj.* *veut le subj.*

Pouvoir, *m.* potesta-s, t-is. *f.*

Pouvoir, pos-se, sum, pot-es, potu-i ; val-ere, eo, es, u-i. *n.*

Pratique, *f.* exercitatio, nis. *f.* *dans la* —*des règles*, in experiendis regulis.

Pratiquer, col-ere, o, is, u-i, cult-um. *acc.*

Praxitèle, *m.* Praxitel-es, is. *m.*

Précepte, *m.* præcept-um , i. *n.*

Précepteur, *m.* præceptor, is. *m.*

Précieux, pretios-us, a, um. *g.* i.

Précipiter (*se*), ru-ere, o, is, i, ut-um. *n.* irru-ere. *comp.* (*sur*), in. *acc.*

Précoce, præco-x. *d.* *t.* *g.* cis. *Esprit* —, præcox in-genium. *g.* i. *n.*

Premier (*principal*), præci-pu-us, a, um. *g.* i.—, pri-mus, a, um. *g.* i. *Quand on ne parle que de deux*, prior, is. *Le* — *venu*, obvi-us quisque. *tous les deux se décl.*

Prendre, cap-ere, io , is , ce-p-i, capt-um. *acc.* aufer-re, o, s, abstul-i, ablat-um. *acc.*

Préparer, confic-ere, io, is, confec-i, t-um. *acc.*

Près, propè. *prép.* *acc.*

Présence, *f.* præsenti-a , æ *f.* conspect-us, ûs. *m.*

Présent, *m.* don-um, i. *n.* mun-us, eris. *n.*

Présent (*à*), nunc. *adv.* *Dès à*—, jàm primùm. *adv.*

Présenter (*se*), se offer-re, o, s, obtul-i, oblat-um ; se d-are, o, as, ed i, at-um.

Présomption, *f.* fiduci-a, æ. *f.*

Presque, ferè. *adv.* — *aus-sitôt*, ferè statim. *adv.*

Presser, exci-tare, o as, av-i, at-um. *acc.*

Prêt (*disposé*), parat-us, a, um. *g.* i.—(*à*), ad. *acc.*

Prêter (*faire un prêt*), com-mod-are, o, as, av-i, at-um. *acc.* *Il aime à*—, eum juvat commodare.

Prier, rog-are, o, as, av-i, at-um. (*q. q.*) *acc.* (*de q. ch.*) *acc.*

Prières, *f.* *pl.* prec-es, cum. *f.* *pl.*

Prince, *m.* princ-eps, ipis. *m.*

Principal, præcipu us, a, um. *g.* i.

Prison, *f.* ergastul-um, i. *n.*

carcer, is. *m. Jeter en* —, in carcerem conjic-ere, io, is, conjeci, t-um. *acc.*

Privé (être), car-ere, eo, es, u-i. *n. abl.*

Priver, nud-are, o, as, av-i, at-um.—(*q, q.*) *acc. (de q. ch.) abl.* orb-are, o, as, av-i, at-um.

Probité, f. integrita s, tis. *f.* probita-s, tis. *f. Extrême* —, spectata integritas.

Prochain, proxim-us, a, um. *g.* i.

Procurer (être à), esse, sum, fu i. *dat.*

Prodigue, m. prodigi-um, i. *n.*; miracul-um, i. *n.*

Prodiger, effund - ere, o, is, effud-i, effus-um. *acc.* — *au premier venu*, obvio cuique porrig-ere, o, is, porrex-i, porrect-um. *acc.*

Profane, profan-us, a, um. *g.* i.

Profiter (de l'occasion), occasionem amplect-i, or, eris, amplex-us sum. *dép.*

Profondeur, f. altitud-o, inis. *f.*

Profusion, f. sumpt - us, ûs. *m.*

Progrès, m. progress-us, ûs. *m.*

Proie, f. præd-a, æ. *f.*

Projet, consili - um, i. *n. Former de grands*—, magna mol-iri, ior, iris, molit-us sum. *dép.*—*des projets*, animo cogitationes vers-are, o, as, av-i, at-um.

Promenade, f. ambulatio, n-is, *f. Petite* —, ambulatiuncula, æ. *f.*

Promener (se), ambul-are, o, as, av-i, at-um; deambul-are. *comp.*

Promesse, f. promiss-um, i. *n. Manquer à sa* —, fidem viol-are, o, as, av-i, at-um.

Promettre, promitt-ere, o, is, promis-i, s-um; pollic-eri, eor, eris, pollicit-us sum. (*q. ch.*) *acc.* (*à q. q.*) *dat. Se* —, sibi vindic-are, o, as, av-i, at-um. *acc.*

Prompt, pron-us, a, um. *g.* i. (*à*) ad. *acc.*

Prononcer (la sentence), sententiam fer-re, o, s, tul-i, lat-um.

Propos (juger à), plac-ere, et, uit. *monop. Je ne jugeai pas à* —, tournez, *il ne me plut pas.*

Propre (à), apt-us, a, um. *g.* i. idone-us, a, um. *g.* i. ad. *acc.*

Protecteur, m. defensor, is. *m.*

Protéger, tu-eri, eor, eris, tuit-us sum. *dép. acc.* defend-ere, o, is, i, defens-um. *acc.*

Providence, f. providenti-a, æ. *f.*

Province, f. provinci-a, æ. *f.*

Provision, f. copi-a, æ. *f.*

Provisions (de vivres), f. pl. cibari-a, orum. *pl. n. Faire des* —, res vitæ necessarias compar-are, o, as, av-i, at-um.

Prudemment, prudent-er, iùs, issimè. *adv.*

Ptolomée, m. Ptolome-us, i. *m.*

Puis, dein. *adv.*

Puiser, haur-ire, io, is, haus-i, haust-um. (*q. ch.*) *acc.* (*à*) è *ou* ex *abl.*

Puisque, quoniam. *conj.*

Puissant, poten-s, d. t. g. tis.

Punir, pun-ire, io, is, iv-i, it-um.

Punissable (*digne de puni-tion*), pœnâ dignus, a, um. g. i; castigand-us, a, um. g. i.

Pyrrhus, m. Pyrrh-us, i. m.

Q.

Qualité, *f.* do-s, tis. *f.* *Bonnes—*, præclaræ dotes; *mauvaises—*, pravæ dotes.

Quand, quandò; quùm. *conj.* *depuis—*, à quo tempore?

Quatorzième, decim-us quar-tus, a, um. g. i.

Quatre, quatuor. *indéclin.* quatrième, quart-us, a, um. g. i. — *cents*, qua-dringent-i, æ, a.

Que, qui, quæ, quod. g. cujus. *pron. relat.* — *après un compar.* quàm.—(*combien*), quàm; quantùm; quot. *indécl.* — *interroga-tif*), quid? cur? quare ?— *de choses*, quàm multa!

Quel, quis, quæ, quod ou quid. g. cujus. — *signi-fiant quantième*, quot-us, a, um. —, *quand la chose peut se dire grande*, quant-us, a, um.

Quelque, m. quidam, quæ-dam, quoddam. g. cujus-dam.—, *devant un nom de choses qui se comptent*, aliquot. *indécl.*—*part que*, (*voy. les adverbes des questions de lieu.*)

Quelque chose. f. aliquid. *n.*

Quelquefois, aliquandò; non-nunquàm. *adv.*

Quelqu'un, aliquis, a, o l. g. alicujus; quidam, quæ-dam, quoddam. g. cujus-dam. *Si—*, si quis.

Question, *f.* percontatio, n-is. *f.* interrogatio, n-is. *f.*

Questionner, interrog - are, o, as, av-i, at-um. *acc.*

Questionneur, m. percontator, is. m.

Qui, qui, quæ, quod. g. cujus. — (*interrogatif*), quis, quæ, quid. g. cujus. — *des deux*, ut-er, ra, rum. g. rius.

Quinze, quindecim. *indécl.*

Quitter, relinq-uere, o, is, reliqu-i, relict-um. *acc.*

Quoique, quamvis; etsi. *conj.*

R.

Racheter, redim-ere, o, is, redem-i . redempt-um. (*q. q.*) *acc.* (*de q. ch.*) ab abl.

Racine, *f.* radi-x, cis. *f.*

Ragoût, m. pulmentari-um, i. *n.*

Raillerie, *f.* cavillatio, n-is, *f.* —*piquantes*, sales amari. m. *plur.*

Raisin, m. uv-a, æ. *f.*

Raison, *f.* ratio, n-is. *f.* *Avec—*, meritò. *adv.*

Raisonnable, ratione prædit-us a, um. g. i. æqu-us, a, um. g.

Raisonneur, loquacul-us, a, um. g. i.

Rallentir (se), laborem suum intermitt-ere, o, is, intermis-i, s-um.

Ramper, rep-ere, o, is, s-i, t-um.

Rappeler, revoc-are, o, as, av-i, at-um. *acc.*

Rare, rar-us, a, um. g. i. eximi-us, a, um. g. i.

Rarement, rar-ò, iùs, issime. *adv.*

Rastadt (*ville d'Allemagne*), Rastadium, i. *n.*

Rat, m. mu-s, ris. m.

Ravage, m. vastita-s, tis.

f. Faire du —, vastitatem affer-re, o, s, attul-i, allat-um.

Ravager, popul-ari, or, aris, at-us sum. *dép. acc.* Qui ravage, populabund-us, a, um. *g. i. acc.*

Rayon, m. radi-us, i. *m.*

Rebelle, rebell-is, is, e. *g.* is.

Rebuter, fastidia par-ere, io, is, peper-i, part-um.

Réduire, subig-ere, o, is, subeg-i, subact-um. *acc.* — *à la dernière extrémité,* in summas angustias adducere, o, is, adduxi, adduct-um. *acc.*

Recevoir, accip-ere, io, is, accep-i, t-um. (*q. ch.*) *acc.* (*de q. q.*) ab *abl.* capere, io, is, cep-i, capt-um. è ou ex, *abl.*

Recherche, f. investigatio, n-is. *f.*

Recherché, expetit-us, a, um. *g. i. abl.*

Récit, m. narratio, n-is, *f.*

Récolter, collig-ere, o, is, colleg-i, collect-um. *acc.*

Récompense, f. remuneratio, n-is. *f.* merce-s, dis. *f.* præmi-um, i. *n.*

Récompenser, remuner-are, o, as, av-i, at-um, *acc.* ou remuner-ari, or, aris, at-us sum. *dép. acc.*

Reconnaître (déclarer), declar-are, o, as, avi, at-um. *acc.*

Recueillir, collig-ere, o, is, colle-gi, collectum. *acc.*

Réellement, reipsà. *adv.*

Refuser, detrect-are, o, as, av-i, at-um. *acc.*

Regarder, (ils regardent le bien et le mal avec indif-

férence), bonum et malum eos modicè tangunt.

Regarder (comme), hab-ere, eo, es, u-i, it-um; existimare, o, as, av i, at-um. *acc.* —, *monop.* spectat; pertinet; attinet. ad. *acc. voy. les règles.*

Règle, f. regul-a, æ. *f.*

Regorger, abund-are, o, as, av-i, at-um. (*de*) *abl.*

Reine, f. regin-a, æ. *f.*

Rejeter, rejic-ere, io, is, rejec-i, t-um. *acc.*

Rejoindre, (q. q.) præeuntem asseq-ui, or, eris, assecut-us sum. *dép.*

Réjouir (se), gaud-ere, eo, es, gavis-us sum. *n. pass.* læt-ari, or, aris, at-us sum. *dép.* (*de q. ch.*) *abl.*

Regret, m. desideri-um, i. *n.* Avoir du —, pig-ere, et, uit. *monop.* (*de*) *gén.* A —, ægrè. *adv.*

Regretter, desider-are, o, as, av-i, at-um. *acc.*

Remarquable, insign-is, is, e. *g.* is; conspic-uus, a, um. *g. i.* sans compar. ni superl.

Remarquer, animadvert-ere, o, is, i, s-um. *acc.* Se faire —, emin-ere, eo, es, u-i. (*par*) *abl.*

Remplir, repl-ere, eo, es, ev-i, et-um. (*q. q.*) *acc.* (*de q. ch.*) *abl.* expl-ere, eo, es, ev-i, et-um. *acc.*

Remporter, refer-re, o, s, retul-i, relat-um. *acc.*

Renard, m. vulp-es, is. *f.*

Rencontrer, offend-ere, o, is, i, s um. *acc.;* occurr-ere, o, is, i, occurs-um. *dat.*

Rendre, redd-ere, o, is, id-i, it-um. *acc.* — *grâce*, grates persolv-ere, o, is, i, persolut-um. (*à q. q.*) *dat.* *Se* —, se confer-re, o, s, contul-i, collat-um.

Rendu (*être*), revoc-ari, or, aris, at-us sum. (*à*), ad. *acc.*

Réparer (*sa faute*), culpam elu-ere, o, is, i, ut-um.

Répartir, subjic-ere, io, is, subjec-i, t-um.

Repentir, *m.* pœnitenti-a, æ. *f.*

Repentir (*se*), pœnit-ere, et, uit. *monop.* (*de*) *gén.*

Répondre, respond-ere, eo, es, i, s-um. (*à q. q.*) *dat.*

Repos, *m.* qui-es, tis. *f.* oti-um, i. *n.*

Reposer (*se*), quiesc-ere, o, is, quiev-i, quiet-um. *n.* — *sur*, insid-ere, eo, es, insed-i, insess-um.

Répréhensible, reprehensione dig-nus, a, um. *g. i.*

Réprimer, reprim-ere, o, is, repress-i, um. *acc.*

Reprocher, exprobr-are, o, as, avi, at-um. (*q. ch.*) *acc.* (*à. q. q.*) *dat.*

Réprouvé (*dévoué aux supplices éternels*), suppliciis æternis addict-us, a, um. *g. i.*

République, *f.* respublic-a, reipublic-æ, *f.*

Réputation, *f.* fama, æ, *f.*

Réservé (*être*), man-ere, eo, es, s-i, s-um. *n.* (*à*) *acc.*

Réserver, ser-vare, o, as, av-i, at-um. *acc.*

Résistance (*vigoureuse*), fortis defensio, n is. *f.*

Résister (*à q. q.*), incurrentem adversâ fronte excipere, io, is, excep-i, t-um.

Respecter, vener-ari, or, aris, a-tus sum. *dép. acc.*

Respirer, spirare, o, as, av-i, at-um. *acc.*

Ressembler, esse simil-is, is, e. g. is. *gén.* ou *dat.*

Reste, *m.* reliqui-um, i. *n.* *Au* —, cæterùm. *Tout le* —, cætera. *n. plur.*

Rester, man-ere, eo, es, s-i, s-um; reman-ere. *comp.;* habit-are, o, as, avi, at-um; commor-ari, or, aris, at-us sum. *dép.*

Retenu, verecund-us, a, um, *g. i.*

Retirer (*du fruit*), fruct-um percip-ere, io, is, percep-i, percept-um. *De*, ex. *abl.* *Se* —, ab-ire, eo, is, iv-i, it-um. *Se* — *la vie sauve*, abire incolumis, is, e. g. is.

Retour, *m.* redit-us, ùs. *m.*

Retourner, revert-i, or, eris, revers-us sum. *dép.* — *dans*, in. *acc.*

Revenir, red-ire, eo, is, iv-i, it-um. (*à*), ad. *acc.* (*de*), ab. *abl.* — *de promener*, — ab ambulando.

Révoquer, revoc-are, o, as, av-i, at-um. *acc.*

Rhin, *m.* Rhenus, i. *m.*

Rhône, *m.* Rhodan-us, i. *m.*

Riche, div-es, d. t. g. tis. *comp.* diti-or. *superl.* ditissim-us, a, um.

Richesses, *f.* diviti-æ, arum. *f.;* bon-a, orum. *n. plur.*

Rien, nih l. *adv.* — *ne*, nihil, *indéc.*

Rire, rid-ere, eo, es, ris-i

ris-um. *Le* —, ris-us, ûs, *m.*

Rivage, *m.* litt-us, oris. *n.*

Rivière, *f.* flum-en, inis. *n. De* —, fluviatil-is, is, e. g. is.

Robe, *f.* toga, æ. *f.*

Robert, *m.* Robert-us, i. *m.*

Robin, *m.* laniger. i. *m.*

Robinson, *m.* Robinson, is. *m.*

Rocher, *m.* scópul-us, i. *m.*

Rocroi, *m.* (*ville de France*), Rocroi-um, i. *n.*

Roi, *m.* re-x, gis. *m. De* —, regal-is, is, e. g. is.

Rome, *f.* Rom-a, æ. *f.* — *de Rome*, Roman-us, a, um. g. i. *Les Romains*, Roman-i, orum.

Ronger, corrod-ere, o, is, corros-i, um. *acc.*

Rose, *f.* ros-a, æ. *f. De roses*, ros-eus, a, um. g. i.

Rosser, ictibus contund-ere, o, is, contud-i, contus-um. *acc.*

Rossignol, *m.* luscini-a, æ. *f.*

Roturier, *m.* plebe-ius, ia, ium. g. ii.

Rouen, *m.* (*ville de France*), Rothomag-us, i. *m.*

Rouge, rub-er, ra, rum, g. ri.

Rougir, erubesc-ere, o, is, erubu-i. *n.* —, (*avoir honte*) pud-ere, et, uit. monop. (*de*) gén.

Rousseau, *m.* (*auteur célèbre*). Ruselli-us, i. *m.*

Route, *f.* vi-a, æ. *f. Une mauvaise* —, via deterrima. —, it-er, ineris. *n.*

Royaume, *m.* regn-um, i. *n.*

Rudiment, *m.* rudiment-um, i. *n.*

Ruse, *f.* ast-us, ûs; dol-us, i. *m.*

Rusé, callid-us, a, um. g. i.

S.

Sabre, *m.* acinac-es, is. *m.*

Sac, *m.* sacc-us, i. *m.*

Saccager, dirip-ere, io, is, u-i, dirept-um. *acc.*

Sacré, sac-er, ra, rum. g. ri.

Safran, *m.* croc-us, i. *m.* et croc-um, i. *n. De* —, croce-us, a, um. g. i.

Sage, sapien-s, d. t. g. tis.

Sagement, sapient-er. *adv.* ius, issimè.

Sagesse, *f.* sapienti-a, æ. *f.*; prudenti-a, æ. *f. Avec* —, prudenter. *adv.*

Saison, *f.* tempesta-s, tis. *f. Belle* —, secunda tempestas.

Sanglant, cruent-us, a, um. g. i.

Sanglier, *m.* ap-er, ri. *m.*

Sans, absque, sine. *prép. abl.*

Sans cesse, indesinenter; perpetuò. *adv.*

Sansonnet, *m.* sturn-us, i. *m.*

Saône, *f.* (*rivière*), Arar-is, is. *f. Haute* —, Araris superior.

Satisfaire, satisfac-ere, io, is, satisfec-i, satisfactum. *n.* (*q. q.*) *dat.*

Satisfait, content-us, a, um. g. i. *Etre* —, vehementer laud-are, o, as, av-i, at-um. *acc.*

Saturne, *m.* Saturn-us, i. *m.*

Sauce, *f.* embamm-a, atis. *n.*

Sauver (*q. q.*), incolumem serv-are, o, as, av-i, at-um. *acc.*

Savant, doct-us, a, um. g. i.
Saveur, f. sapor, is. m.
Savoir, nosc-ere, o, is, nov-i,
not-um. acc.; scire, o,
is, iv-i, it-um. *Ne pas* —,
nesc-ire, io, is, iv-i, it-um.
(*Voy. la règle du thème*
34.) *Ne* — (*ne pouvoir*),
non poss-e, um, pot-es,
u-i. inf. — *de q. q.*, cognosc-ere, o, is, cognov-i,
cognit-um. è *ou* ex. abl.
Je le sais, id me non fugit.
Qui ne — *pas*, rud-is, is,
e. g. is.
Savoir faire, singularis solerti-a, æ. f.
Scélérat, scelestus, a, um.
g. i; scel-us, eris. n.
Scélératesse, f. improbita-s,
tis. f.
Schall, m. maximum stro-
phi-um, i. n.
Science, f. scienti-a, æ. f.;
doctrina, æ. f.
Scrupuleusement, religiose.
Scruter, scrut-ari, or, aris,
at-us sum. dép. acc.
Sec, arid-us, a, um. g. i.
Second, secund-us, a, um. g.
i. *Quand on parle de deux*,
posteri-or, us. g. oris.
Secouer, quass-are, o, as,
av-i, at-um. — *la tête*,
quassare caput.
Secours, m. auxili-um, i. n.
Porter du —, ferre auxi-
lium. (*à q. q.*) dat. opitul-ari, or, aris, at-us
sum. dép. dat.
Secourir (*donner du secours*), opitul-ari, or, aris,
at-us sum. (*q. q.*) dat.
Seize, sexdecim, indécl.
Séjour (*action de demeurer*), commoratio, n-is. f.
Séjourner, commor-ari, or,
aris, at-us sum. (*à*)in. abl.

Selon, secundùm. acc. —
mon plaisir, ad libitum.
Semaine, f. hebdoma-s, dis.
f.
Semblable, simil-is, is, e.
g. is. gén. ou dat.
Sembler (*paraître*), vid-eri,
eor, eris, vis-us sum.
Semer, ser-ere, o, is, sev-
i, sat-um; semin-are, o,
as, av-i, at-um. acc.
Semur (*ville de France*),
Semuri-um, i. n.
Sens (*ville de France*), Se-
non-es. m. plur.
Sens, m. sens-us, ùs. m.
Sensé, egregiè cordat-us, a,
um. g. i.
Sentence, f. sententi-a, æ. f.
Sentir, sentire, io, is,
sens-i, um. acc.
Séparer, segreg-are, o, as,
av-i, at-um. (*q. q.*) acc.
(*de q. ch.*) ab. abl. Se —
de q. q., ab aliquo discede-
ere, o, is, discess-i, um;
seced-ere, o, is, secess-i,
um.
Sept, septem. ind. *Septième*,
septim-us, a, um. g. i. —
cents, septingent-i, æ, a.
Sépulture, f. sepultur-a, æ.
f.
Service, offici-um, i. n.
Servir (*être esclave*), serv-
ire, io, is, ii, it-um. n.
dat.; inservire. comp. —
un maître, hero famul-
ari, or, aris, at-us sum.
Se —, ut-i, or, eris, us-
us sum. dép. abl. — *de
q. q.* alicujus operâ uti.
Servitude, f. servitu-s, tis. f.
Seul, sol-us, a, um. g. ius.
Seulement, tantùm, tantummodò: solummodò. adv.
Sévérité, f. severita-s, tis,
f.

Si, si. *conj. Devant un adj. ou un adv.* tàm. Si *régit le subj. devant l'imparf. et le plus que parfait.* Si... ne, nisi, *conj.* Si *ce n'est*, nisi.

Sicile, *f.* Sicili-a, æ. *f.*

Siffler, (*q. q.*) exsibil-are, o, as, av-i, at-um. *acc.* —, sibila eff-are, o, as, av-i, at-um.

Signe, *m.* sign-um, i. *n.*

Signer, subscrib-ere, o, is, subscrips-i, subscript-um.

Silence, *m.* silenti-um, i. *n.*

Simple (*peu rusé*), incallid-us, a, um; insan-us, a, um. *g.* i; ingenu-us, a, um. *g.* i. — (*facile*), facil-is, is, e. *g.* is.

Sincèrement, sincerè. *adv.* sincer-iùs, rimè.

Sinon, *m.* (*nom d'homme*), Sino, n-is. *m.*

Six, sex. *indécl.* Sixième, sext-us, a, um. *g.* i. — cents, sexcent-i, æ, a.

Sobre, sobri-us, a, um; *g.* i.

Sobriété, *f.* sobrieta-s, tis. *f.*

Société, *f.* societa-s, tis. *f.* La —, communis hominum societas.

Socrate, *m.* Socrat-es, is. *m.*

Sœur, *f.* soror, is. *f.*

Soif, *f.* sit-is, is. *f.* Avoir —, sit-ire, io, is, iv-i, it-um. *n.*

Soigner, cur - are, o, as, av-i, a-tum.

Soigneusement, assiduè. *adv.* diligenter. *adv.*

Soin, *m.* cur-a, æ. *f.* Se charger du —, curam suscip ere, io, is, suscep-i, t-um.

Soir, *m.* vesper, is. *m.* ves-

per - um, i. *n.* (*ce —*,) hoc vespere. Le —, vesperè. Du —, vespertin-us, a, um. *g.* i.

Soldat, *m.* mil-es, itis. *m.*

Solitude, *f.* solitud-o, in-is. *f.*

Sollicitude, *f.* sollicitud-o, in-is. *f.*

Sombre, trist-is, is, e. *g.* is.

Somme (*d'argent*), summa, æ. *f.* — *considérable*, grandis summa. *Dépenser des sommes considérables*, ingentes sumptus agere.

Son, su-us, a, um. *g.* i.

Sonder, explor-are, o, as, av-i, atum. *acc.*

Songer, cogit-are, o, as, av-i, at-um. —(*à*) de. *abl.*

Sort, *m.* sor-s, tis. *f.*

Sorte (*de la*), hoc modo, ità; sic. *adv.* Toute —, omne gen-us. *g.* eris. *n. g.*

Sortir, egred-i, ior, eris, egress-us sum. — (*se retirer*), disced-ere, o, is, discess-i, um. (*de*) abl. abl. —(*faire*), excut-ere, io, is, excuss-i, um. *acc.* (*de*) abl.

Souabe, *f.* Suevi-a, æ. *f.*

Soucieux (*tout*), anxi-us, a, um. *g.* i.

Souffrir, pat-i, ior, eris, pass-us sum. *dép. acc.* Qui souffre, patien-s, d. t. *g.* tis. *gén.* Qui ne peut —, impatien-s, d. t. *g.* 'tis.

Soumettre (*une nation*), gentem subig-ere, o, is, subeg-i, subact-um.

Soupçon, *m.* suspicio, n-is. *f.*

Soupçonneux, suspica-x, d. t. *g.* cis; suspicios-us, a, um. *g.* i.

Souris, f. sor-ex, icis. m.

Sourire, subrid-ere, eo, es, subris-i, um. n.

Sous, sub. *prép. abl.*

Souscrire, assent-iri, ior, iris, assens-us sum. *dép.*

Soustraire (se), se subtrah-ere, o, is, subtrax-i, subtract-um. — *à la conscription*, militiæ nomen non dare.

Soutenir, sustin-ere, eo, es, u-i, ent-um. *acc.*

Soutenu (être), nit-i, or, eris, nix-us sum, *ou* nis-us. *dép. (par ou de.) abl.*

Souvenant (se), memor, is, d. t. g. *Ne se — pas*, immemor, is. *gén.*

Souvenir, m. memori-a, æ. f.

Souvenir (se), memin-isse, i. *défect. gén. ou acc.* —, record ari, or, aris, at-us sum. *dép. gén. ou acc. Qui se souvient*, memor, is. *Qui ne se souvient pas*, immemor, is. *(de) gén.*

Souvent, sæp-è. *adv.* iùs, issimè. *Un peu trop —*, paulo sæpiùs.

Spectacle, m. (*comédie*), scenæ spectaculum, is. n.

Spectateur, m. spectator, is. m.

Statue, f. statua, æ. f.; sign-um, i. n.

Strasbourg, m. (*ville de France*), Strasburg-um, i. n.

Stratagème, f. dol-us, i. m.

Studieux, studios-us, a, um. g. i.

Subit, repentinus, a, um. g. i.

Sublime, sublim-is, is, e, g. is.

Substantiel, succos-us, a, um. g. i.

Succès, m. success-us, ûs m. *Il a obtenu des succès*, tourn., *la chose lui a réussi heureusement*, res illi prosperè cessit.

Suffisamment, satis. *adv.*

Suisse (la), f. Helveti-a, æ. f.

Suivre, sequ-i, or, eris, secut-us sum. *dép. acc.*

Sujet (soumis), subdit-us, a, um. g. i. — (*cause*), caus-a, æ. f.

Superbe (beau), splendid-us, a, um. g. i; magnific-us, a, um. g. i. — (*orgueilleux*), superb-us, a, um. g. i; fero-x, d. t. g. cis.

Superstitieux, superstitios-us, a, um. g. i.

Supplice, m. supplici-um, i. n.

Supporter, fer-re, o, s, tul-i, lat-um; toler-are, o, as, av-i, at-um. *acc.*

Sur, in. *prép. acc. quand il y a déplacement; abl., quand on ne change pas de lieu;* super; suprà. *acc.*

Sûr, tut-us, a, um. g. i; cert-us, a, um. g. i.

Surcroît, m. accessio, n-is. f.

Sûreté, f. salu-s, tis. f.

Surmonter, super-are, o, as, av-i, at-um. *acc.*

Surnommé, cognominat-us, a, um. g. i. — *Fidèle*, cognomine Fidelis.

Surnommer, cognomin-are, o, as, av-i, atum. *acc.*

Surtout, præsertim; imprimis. *adv.*

Surveiller, advigil-are, o, as, av-i, atum. (q. q., dat.

Syntaxe, f. syntax-is, is, f.

T.

Tailleur, *m.* vestiari-us, i. *m.*

Taire (*se*), sil-ere, eo, es, u-i. *n.*

Tandis que, dùm. *conj. veut le subjonctif devant l'imparfait seulement.*

Tant, tantùm; tantoperè. *adv. Devant un nom de choses qui se comptent,* tot. *indecl.*

Tante, *f.* amit-a, æ. *f.*

Tantôt (*répété*), modò *ou* tùm, *répété.*

Tarder (*ne pas*), *se tourne par bientôt,* mox.

Tel, tal-is, is, e, g. is. (*en mauvaise part*) istius modi, *ou* ist-e, a, ud. g. iùs.

Témoignage, *m.* testimoni-um, i. *n.*

Tempête, *f.* procell-a, æ. *f. Battu de la* —, jacta-tus procellâ.

Temps, *m.* temp-us, oris. *n.* Long —, diù, diut-iùs, issimè. *adv. Peu de —* après, paulò post.

Termes (*en ces*), his verbis.

Terminer, confic-ere, io, is, confec-i, t-um. *acc. :* per-fic-ere, io, is, perfec-i, t-um. *acc.* — *un bâtiment,* ædem exstru-ere, o, is, exstrux-i, exstruct-um.

Tendre, tener, a, um. g. i.

Tenir, ten-ere, eo, es, u-i, t-um. *Se* —, st-are, o, as, stet-i, stat-um. — *aux portes*, ad portas stare.

Terre, *f.* terr-a, æ. *f. A* —, humi.

Terrible, terribil-is, is, e. g. is.

Tête, cap-ut, it-is. *n.*

Théophile, *m.* Theophil-us, i. *m.*

Thersite, *m.* Thersit-us, i. *m.*

Tiède, tepid-us, a, um. g. i.

Tirer (*de*), deprom-ere, o, is, ps-i, pt-um. è, *abl.;* duc-ere, o, is, dux-i, duct-um. abl. — (*q. q.*) *par le bras,* aliquem brachio ex-cut-ere, io, is, excuss-i, um. — *l'épée*, gladium string-ere, o, is, strinx-i, strict-um. — *de l'uti-lité*, utilitatem percip-ere, io, is, percep-i, t-um. (*de q. ch.*) è *ou* ex. abl.

Titan, *m.* Titan-us, i. *m.*

Toison, *f.* vell-us, eris. *n.*

Toit, *m.* tect-um, i. *n.*

Tombe, *f.* tumul-us, i. *m.*

Tomber, cad-ere, o, is, cecid-i, cas-um. — *entre les mains*, in potestatem cad-ere. (*de q. q.*) gén.

Ton, *m.* (*voix*), vo-x, cis. *f.*

Ton, ta, tes, tu-us, a, um. g. i.

Total, *m.* summa tot-a. *f.* g. summ-æ totius.

Toujours, semper. *adv.*

Tour, *f.* turr-is, is. *f.*

Tourmenter, vex-are, o, as, av-i, at-um. *acc. Se* —, se cruci-are, o, as, av-i, at-um; se jact-are, o, as, av-i, at-um.

Tourner, vert-ere, o, is, i, vers-um. *acc.*

Tout, omn-is, is, e. g. is. — (*tout entier*), tot-us, a, um. g. ius; quilibet, quæ-libet, quodlibet. g. cujus-libet. — *à coup*, repentè. *adv. Toute sorte*, omne gen-us, eris. *n. de.* gén.

Trahir, prod-ere, o, is, prodid-i, it-um. *acc.*

Trame, *f.* (*criminelle*), perfidum consili-um, i. *n.*

Traîner, pertrah-ere, o, is, pertrax-i, pertract-um. *acc.*

Traiter (*bien ou mal*), benè aut malè hab-ere, eo, es, u-i, it-um. *acc.*

Tranquille, tranquill-us, a, um. *g. i.*

Tranquillement, tranquillè. *adv.*

Tranquillité, *f.* tranquillita-s, tis. *f.*

Transmettre (*à la postérité*), posteris relinqu-ere, o, is, reliqu-i, relict-um. *acc.*

Transporter, deveh-ere, o, is, devex-i, devect-um; transveh-ere, *comp. acc.*

Travail, *m.* labor, is. *m.* oper-a, æ. *f.*

Travailler, labor-are, o, as, a-vi, at-um. *n.*

Traverser, trajic-ere, io, is, trajec-i, t-um. *acc.* —(*passer outre*), trans-ire, eo, is, ii *ou* iv-i, it-um. *acc.*

Tremblement, *m.* concuss-us, ûs. *m.*

Trésor, *m.* thesaur-us, i. *m.*

Triomphe, *m.* triumph-us, i. *m.* De —, triumphal-is, is, e. *g.* is.

Triste, trist-is, is, e. *g.* is.

Triumvir, *m.* triumvir, i. *m.*

Trois, tres, tres, tria. *g.* trium. *Troisième*, terti-us, a, um. *g. i.* — *cents*, trecenti-i, æ, a.

Tromper, decip-ere, io, is, decep-i, t-um. *acc. Se —*, err-are, o, as, av-i, at-um.

Tronc, *m.* stipis receptrix articul-a, æ. *f.*

Trop, nimis. *adv. Un peu* —, paulò. *avec le comparatif.*

Trotter, concurs-are, o, as, av-i, at-um.

Troupeau, *m.* pec-us, oris. *n.*

Trouver (*sans chercher*), reper-ire, io, is, i, t-um. *acc.* inven-ire, io, is, i, t-um. *acc.*

Trouver (*juger*), judic-are, o, as, av-i, at-um. *acc.*

Tuer, occid-ere, o, is, i, occis-um; interfic-ere, io, is, interfec-i, t-um. *acc.* nec-are, o, as, ui *ou* av-i, t-um *ou* necat-um. *acc.*

Tuileries, *f.* hort-us regius à tegularum officinis dictus. *g. i.* (*déclinez*, hortus, regius *et* dictus.)

Tulipe, *f.* tulip-a, æ. *f.*

Turbot, *m.* rhomb-us, i. *m.*

U.

Ulm (*ville de Souabe*), Ulm-a, æ. *f.*

Un (*certain*), quidam, quædam, quoddam. *g.* cujusdam. *pron.* —(*adjectif de nombre*), un-us, a, um. *g.* ius. — *jour*, die quâdam.

User (*de*), u-ti, or, eris, usus sum. *dép. abl.* — *de son droit*, jus suum ten-ere, eo, es, ui, t-um.

Utile, util-is, is, e. *g.* is. *dat. superl.* utilissim-us, a, um. *g. i.*

Uranus, *m.* Uranus, i. *m.*

V.

Vain (*orgueilleux*), superb-

us, a, um. *g. i. En —,*
frustrà. *adv.*

Vaincre, vinc-ere, o, is, vic-i,
vict-um. *acc.*

Vainqueur, m. victor, is. *m.*

Vaisseau, m. nav-is, is. *m.*

Valet, m. serv-us, i. *m.* famul-us, i. *m.*

Vallée, f. vall-is, is. *f.*

Valoir, val-ere, eo, es, u-i.
n. — mieux, præst-are, o,
as, it-i, it-um. *n. dat. ou*
potior esse, sum, fu-i. *dat.*
Il vaut mieux, præstat po
tiùs; satiùs est.

Vanité, f. vanita-s, tis. *f.*

Vanter (louer), laudibus ef-
fer-re, o, s. *acc —,* jactit-
are, o, as, av-i, at-um.
acc. magnifico laudum ap-
paratu celebr-are, o, as,
av-i, at-um. *acc.*

Vaste, vast-us, a, um. *g. i.*

Vaurien, m. verbero, n-is. *m.*

Veiller, invigil-are, o, as,
av-i, at-um. *(à q. ch.) dat.*
aux intérêts, commodis.

Veine, f. ven-a, æ. *f.*

Vengeance, f. vindict-a, æ.
f. ultio, n-is. *f. Tirer —*
de q. q., vindictam ab aliquo exig-ere, o, is, exeg-i,
exact-um.

Venger (se), ulcisc-i, or,
eris, ult-us sum. *dép. acc.*

Venir, ven-ire, io, is, i.
t-um. *n. (à ou dans),* in.
acc. Qui venait de —, pro-
fectus, a, um. *g. i. abl. —*
avec q. q., sequ-i, or, eris,
secut-us, sum. *dép. acc.*

Vent, m. vent-us, i. *m.*

Vénus, f. Ven-us, eris. *f.*

Ver, m. verm-is, is. *m. — à*
soie, bomby-x, cis. *m.*

Verd, virid-is, is, e. *g. is.*

Véritable, ver-us, a, um.
g. i.

Véritablement, verè. *adv.*

Vérité, f. verita-s, tis. *f.*
ver-um, i. *n. A la —,*
equidem. *adv.*

Vers, m. vers-us, ûs. *m.*

Vers, ad. *prép. acc.*

Vertu, f. virt-us, utis. *f.*

Vertueux (doué de vertu),
virtute prædit-us, a, um.
g. i.

Vesoul, (ville de France),
Vesuli-um, i. *n.*

Vice, m. viti-um, i. *n.*

Victime, f. victim-a, æ. *f.*

Victoire, f. victori-a, æ. *f.*

Vider (des arrosoirs),
aquam ex alveolis effund-
ere, o, is, effud-i, effus-
um.

Vie, f. vit-a, æ *f.* æta-s, tis.
f. Mener une —, vitam
deg-ere, o, is, i. *Perdre la*
—, vitam amitt-ere, o, is,
amis-i, sum.

Vienne (ville d'Autriche),
f. Vindobon-a, æ. *f.*

Vif, ac-er, ris, e. *g. is,* viv-
us, a, um. *g. i*; fervid-us,
a, um. *g. i.*

Vigueur, f. vis, is. *f.*

Vil, vilis, is. e. *g. is.*

Vilain (laid), horrid-us, a,
um. *g. i.*

Village, m. vic-us, i. *m.*
pag-us, i. *m. Petit —,* vi-
cul-us, i. *m.*

Villars (général), m. Villar-
tius, i. *m.*

Ville, f. urb-s, is. *f.* civi-
ta-s, tis. *f. —, (place for-*
tifiée), oppid-um, i. *n.*

Vin, m. vin-um, i. *n.*

Vingt, viginti. *indécl. ving-*
tième, vicesim-us, a, um.
g. i.

Violent, vehemen-s, d. t. *g.*
tis.

Violette, f. viol-a, æ. *f.*

Virgile, m. Virgili-us , i. m.

Visiter (aller voir), invis-ere, o, is, um. *acc.*

Vite, celeriter. *adv.* celer-iùs, rimè.

Vivacité, f. petulanti-a , æ. f.

Vivre, viv-ere, o, is, vix-i, vict-um.—*de*, vesc-i, or, eris. *dép. abl.*

Vivres (des), cibari-a, orum. *plur. n.*

Voici, en, ecce. *adv. nom.* ou *acc.*

Voie, f. vi-a, æ. f.

Voilà, ecce. *adv. nom.* ou *acc.*—*ce qui*, hoc.

Voile, m. vel-um, i. n.

Voir, vid-ere, eo, es, i, vis-um. *acc.*

Voirie, f. (*jeter q.q. à la*—), aliquem projicere inhumatum, *ou* feris alitibusque epulandum. *m. à m. Jeter quelqu'un devant servir de pâture aux bêtes féroces et aux oiseaux.*

Voisin, m. vicin-us, i. m.

Voisine, f. vicin-a, æ. f.

Voiturier, m. vellaturam facien-s, tis. m.

Voix, f. vo-x, cis. f. *A —haute*, voce contentâ.

Voler (dérober), subrip-ere, io, is, u-i, subrept-um. *acc.* fur-ari, or, aris, at-us sum. *dép. acc.*

Voleur, m. latro, n-is. m. fur, is. m.

Volontiers, libenter. *adv.*

Voltiger, volit-are, o, as, av-i, at-um. n.

Voracité, f. ingluvie-s, i. f.

Votre (en parlant à un seul), tu-us, a, um. g. i. (*à plusieurs*), vest-er, ra, rum. g. i.

Vouloir, velle, vol-o, vi, vol-u-i. *irrég. acc.* — (*désirer*), cup-ere, io, is, ivi, it-um. *acc.* — (*ordonner*), jub-ere, eo, es, juss i, um. *acc. Ne—pas*, nol-le, o, non vis, non vult. *irrég. acc.*

Vous (en parlant à un seul), tu, tuî. (*à plusieurs*), vos, vestrûm, *ou* vestrî.

Voyager, it-er fac-ere, io, is, fec-i, fact-um. — *en*, — per. *acc.*

Voyageur, m. viator, is. m.

Vrai, ver-us, um. g. i.

Vue, f. vis-us, ûs. m. *A la*—, ad conspectum, (*de*) gén.

Vulcain, m. Vulcan-us, i. m.

X.

Xantippe, f. Xantipp-a, æ. f.

Y.

Yeux, m. *plur.* ocul-i, orum. m. *plur.*

Z.

Zèle, m. studi-um, i. n.

Zélé, studios-us, a, um. g. i.

FIN DU DICTIONNAIRE.

* G

TABLE

DES THÈMES

CONTENUS DANS LE COURS DE HUITIÈME.

Thêmes.   Pag.

Thèmes.   Pag.

FIN DE LA TABLE.